AF257191

AUX ÉLECTEURS

L'AVENIR RADICAL

PAR

Auguste BRETONVILLE

PRIX 60 CENTIMES.

LA CIOTAT

IMPRIMERIE ET LITHOGRAPHIE J. ISNARD

18, rue Compas, 18

1876.

L'AVENIR RADICAL

LA FRANCE

Politique, Sociale, Administrative, Financière, Judiciaire et Religieuse

Par AUGUSTE BRETONVILLE.

LA CIOTAT

IMPRIMERIE ET LITHOGRAPHIE J. ISNARD

18, rue Compas, 18

1876.

AVANT-PROPOS

Ce que nous avons voulu ; c'est propager et faciliter sous une forme simple
t concise l'étude des grands problèmes sociaux.

Nous avons réuni dans le même ouvrage toutes les questions touchant la
olitique, l'administration, les finances, la justice et la religion et nous les
vons traitées par la Solidarité, l'Association, l'Égalité et la Justice, par la
philosophie du Sentiment. »

Si cet ouvrage répond à son but : accélérer par l'éducation politique du
'euple, le triomphe de la République démocratique et sociale, et déchirer le
oile qui nous masque la République universelle,

ous aurons la satisfaction d'avoir réussi dans un devoir sincèrement
ntrepris.

Auguste BRETONVILLE.

PRÉAMBULE

« Trois grands principes se partagent le monde et l'histoire, a dit, Louis Blanc, *l'autorité*, *l'individualisme*, la *fraternité*.

« Le principe d'autorité est celui qui, fait reposer la vie des nations sur des croyances aveuglément acceptées, sur le respect superstitieux de la tradition, sur l'inégalité, et qui, pour moyen de gouvernement, emploie la contrainte.

« Le principe d'individualité est celui qui, prenant l'homme en dehors de la société, le rend seul juge de ce qui l'entoure et de lui-même, lui donne un sentiment exalté de ses droits, sans lui indiquer ses devoirs, l'abandonne à ses propres forces, et, pour tout gouvernement, proclame le laisser-faire.

« Le principe de fraternité est celui qui, regardant comme solidaires les membres de la grande famille, tend à organiser les sociétés, œuvre de l'homme, sur le modèle du corps humain, œuvre de Dieu, et fonde la puissance de gouverner sur la persuasion, sur le volontaire assentiment des cœurs.

« L'*Autorité* a été maniée par le catholicisme avec un éclat qui étonne ; elle a prévalu jusqu'à Luther.

« L'*Individualisme*, inauguré par Luther, s'est développé avec une force irrésistible ; et, dégagé de l'élément religieux, il a triomphé en France. Il régit le présent, il est l'âme des choses.

« La *Fraternité*, annoncée par les penseurs de la Révolution nous apparaît aujourd'hui dans un avenir prochain. Tous les grands cœurs la pressentent et déjà elle occupe et illumine toutes les intelligences.

« De ces trois principes, le premier engendra l'oppression par l'étouffement de la personnalité ; le second mène à l'oppression par l'anarchie ; seul, le troisième, par l'harmonie, enfante la liberté et la solidarité.

« L'humanité a eu besoin tour-à-tour du pape et de Luther ; mais le principe d'autorité a fourni sa carrière, le principe d'individualisme achève la sienne, et l'avenir n'appartient évidemment ni au pape ni à Luther.

« Dans la Révolution française, il y a eu en réalité, deux révolutions distinctes, quoique dirigées toutes les deux contre l'ancien principe d'autorité.

« L'une s'est opérée au profit de l'individualisme ; elle porte la date de 89.

« L'autre n'a été qu'essayée tumultueusement au nom de la fraternité ;

« elle a été arrêtée par le 9 thermidor et a repris depuis sa marche
« victorieuse.

« La première, celle de la *sensation* et du *rationalisme* a été représentée
« par Voltaire et les encyclopédistes.

« La seconde, celle du *sentiment* a été représentée par Rousseau.

« Par le *sentiment*, l'homme se répand au dehors et se prodigue, tandis
« que, par la *sensation*, au contraire, il tend à ramener à lui toute chose.

« La philosophie de la *sensation* a conséquemment pour corollaire l'*indi-
« vidualisme* et de la philosophie du sentiment découlent la *solidarité*, la
« *fraternité*.

« L'Individualisme est la doctrine de la bourgeoisie. Elle ne veut pas
« organiser une société neuve sur le principe de l'unité de la famille
« humaine ? Elle ne veut pas détruire à jamais les distinctions de classes ?
« Affirmer un monde nouveau ? Non, tout ce qu'elle veut, c'est débarasser
« de toute entrave l'homme qui peut se suffire à lui-même, l'homme qui a
« instruction et richesse, le bourgeois ; c'est un rôle de négation.

« Au contraire, Jean-Jacques avait en vue une œuvre de recomposition.
« Il savait qu'il n'est pas donné au pauvre, au faible, à l'ignorant de se
« suffire à eux-mêmes ! Et c'est pourquoi, au lieu d'exalter la *sensation* qui
« ramène tout à l'homme isolé, il avait recommandé le *sentiment*, qui rap-
« proche et réunit.

« L'œuvre inachevée de la Révolution ; c'est l'accord des deux principes,
« c'est associer le droit de l'individu à l'intérêt de tous.

« Telle est cette vérité supérieure que nous poursuivons, cette vérité dont
« un avenir prochain nous précise déjà la forme.

« En effet, qu'y a-t-il d'incompatible entre ces deux doctrines. Est-ce
« qu'on ne saurait, sans exclure le *sentiment*, reconnaître le pouvoir de la
« *sensation* et rendre à la *raison* l'hommage qui lui est dû ? Est-ce qu'il est
« impossible, sans faire outrage à la *sensation* et à la *raison* d'écouter la
« voix du *sentiment* ? L'homme n'a-t-il pas un corps, une intelligence, un
« cœur ? Et le progrès ne serait-il pas réalisé justement par la doctrine qui
« unirait harmonieusement, au lieu de les opposer l'un à l'autre, ces trois
« éléments nécessaires de l'Être humain ?

« La notion de la solidarité humaine et de l'universelle association des
« forces vivantes, est assez complète aujourd'hui, pour réaliser notre pensée,
« pour compléter Voltaire par Rousseau.

« Le temps est venu où l'on doit chercher à faire sortir la régénération de
« la société de la solidarité humaine mise en action. »

Le Génie de la France

C'est le génie de la France de ne se point appartenir.

Ce que Luther écrivit à Charles-Quint, en quittant Worms, la France en a fait sa devise ; elle aussi, sans se demander si, pour soutenir une telle parole, elle n'aura pas des combats de Titans à livrer, et jusqu'à la dernière goutte de son sang à répandre, elle aussi crie aux peuples attentifs : « ma cause est celle de toute la terre. » . . . . .

Peuple léger, disent du peuple français les esprits superficiels, en le voyant tour-à-tour sublime et tombé, aujourd'hui plein d'un glorieux délire, demain abattu, tantôt emporté jusqu'à la licence, tantôt comme endormi aux pieds d'un maître. Les détracteurs de la France ne se doutent pas qu'il n'y a de légers qu'eux mêmes, et qu'à la frivolité de leur appréciation se mêle le crime de l'ingratitude. Si la France est livrée au tourment d'une fluctuation perpétuelle ; si sa vie se compose d'une alternative de succès et de revers ; s'il lui est donné d'étonner la terre par tant d'aspects divers et imprévus, c'est parce que l'initiative du progrès moral est en elle, parce que son sol est le champ de toutes les expérimentations de la pensée ; c'est parce qu'elle cherche, parce qu'elle explore, parce qu'elle se risque, parce qu'elle souffre et se bat, parce qu'elle court les aventures pour le compte du genre humain tout entier. Lorsque, au prix de fatigues mortelles, elle se trouve avoir fait quelque découverte précieuse ; lorsque, le sein déchiré, elle se trouve avoir remporté quelque magnanime victoire, si, baignée dans son sang et épuisée, elle se couche un moment sur le bord du chemin pour reprendre des forces, les autres nations la montrent du doigt d'un air railleur, et elles avancent avec calme, elles qui profitent du résultat sans s'être affaiblies par l'effort, en faisant honneur à leur propre sagesse de ce qu'elles doivent au dévouement du peuple précurseur et martyr.

. Ce génie de la France nous devons le conserver. Souvenons-nous que les peuples qui ne savent pas continuer les traditions de leur histoire se déshonorent.

Souvenons-nous que nous avons pour mission de fonder la République universelle !

De fonder non pas une République oligarchique comme celle de Sparte, où quelques familles composaient seules le corps dirigeant ; non pas une République aristocratique comme celle d'Athènes et de Rome, où, alors même que tous « les citoyens » eurent le droit de suffrage, il se trouvait encore au dessous d'eux une masse prolétaire de métèques, de sujets et d'esclaves privés de tous droits ; mais une République large, démocratique, populaire, où *tous* sans exception, sans distinction de naissance, de fortune, d'éducation de religion, d'origine, se trouveront appelés à faire partie du corps souverain.

Ce sera un spectacle inouï dans l'histoire, que de faire vivre une société sans esclaves, sans serfs, sans ilotes, sans inégalités politiques ou sociales d'aucune sorte ; où tout individu, par cela seul qu'il est homme, aura des droits qui, jusqu'aujourd'hui, pour ainsi dire, ont été réservés au petit nombre, à des privilégiés.

A cette mission la France n'y périra pas, elle sera l'initiatrice de l'humanité, le Christ des nations !

« Dieu veuille, disait un jour, le plus profond penseur de l'Angleterre moderne, John Stuart Mill, Dieu veuille que jamais la France ne vienne à manquer au monde ! Le monde retomberait dans les ténèbres. » Le philosophe anglais disait vrai. Il est un flambeau à la lueur duquel tous les peuples marchent, quoique à des pas inégaux, du côté de la justice, et comme il est porté à travers les tempêtes, il ne faut pas s'étonner si quelquefois, sous le souffle de l'aquilon, il vacille et semble près de s'éteindre. Or, c'est la France qui le tient, ce flambeau !

Mais, si jamais elle succombait, Peuples, pleurez-là comme vous avez pleuré le pâle crucifié, et frappez-vous amèrement la poitrine pour ne pas nous avoir soutenus jusqu'à la mort. Ce n'est pas pour nous, c'est pour vous, c'est pour l'humanité tout entière que nous livrons le grand combat.

« Les grands hommes sont comme des flambeaux, a dit un de nos génies, ils éclairent le monde, mais ils se consument. » C'est vrai aussi pour les nations initiatrices comme la France. —

— Et pourtant, nous devons être fiers de notre rôle, nous ne devons pas faillir à notre mission ; et puisque nous avons voulu inaugurer une nouvelle période dans l'histoire humaine, il ne nous est pas permis de reculer : en avant doit se trouver le triomphe ; mais en arrière, à coup sûr se trouvent les abîmes.

Ce sont nos pères qui ont proclamé la foi nouvelle, inauguré l'ère nouvelle, créé le monde nouveau. Par ce qu'ils ont fait, jugeons de ce que nous pouvons, de ce que nous devons faire.

Comme eux, n'ayons qu'un objectif : la Patrie, la Liberté, le Peuple. Sacrifions tout à ce sublime idéal.

Dédaignant tous les embarras, toutes les saletés, tous les ennuis de la route : marchons les yeux fixés sur cette citadelle du passé que nous prendrons bien, maintenant qu'elle a reçu tant de brèches mal couvertes et que tant de cadavres de nos martyrs en remplissent les fossés. Marchons les yeux fixés sur ce temple du progrès qui s'entr'ouvre chaque jour malgré les apparences, et où trône consolante et radieuse notre chère République.

Et, ne nous laissons pas abattre. Ce sont les derniers efforts. Regardez, la nuit finit ; là bas, derrière la montagne de la réaction et à travers les brouillards de toutes les monarchies, apparaît le jour définitif, la lumière régénératrice, le soleil de la Victoire et de la Liberté.

Peuple, fourbis l'arme que t'a donné le suffrage universel, les élections approchent.

Notre But, nos Moyens

Avant de rechercher le terrain sur lequel l'organisation de la Démocratie européenne est possible, il faut d'abord en préciser le but.

De même qu'au sein de chaque Etat il s'agit de représenter, en les harmonisant, l'individualité et l'association; en d'autre termes, la liberté et l'autorité, il s'agit pour toute organisation démocratique générale, de représenter, en les réunissant d'une manière indissoluble, la nationalité et l'alliance, la patrie et l'humanité. Sans la conciliation de ces deux éléments, il n'y a que despotisme et anarchie ; nous ne voulons ni de l'un ni de l'autre.

Effrayés des luttes internationales qui marquent de sang à chaque pas l'histoire de l'humanité, confondant l'étroit nationalisme des races royales avec la nationalité des peuples libres et égaux, il y a des hommes, qui cherchent à effacer l'idée nationale, sous nous ne savons quel vague cosmopolitisme. Ils placent ainsi l'individu faible et isolé en face du problème humanitaire, et proclament le but, en supprimant tout moyen pour l'atteindre. C'est une réaction exagérée, mais inévitable, contre un système qui fausse l'idée-mère de la nationalité, en lui substituant les intérêts hostiles de quelques familles princières.

L'idée-mère de la nationalité est l'organisation de l'humanité par groupes homogènes, en vue de l'accomplissement d'un devoir commun. Progrès de tous, dévelópement vers le bien de toutes les forces départies au genre humain.

Ouvrier dans le vaste atelier du monde, chaque peuple, représente par des aptitudes et des tendances qui lui sont propres, une fonction spéciale dans le travail, identique dans le but, variée dans les moyens.

Il est reconnu par les autres peuples, il en est aimé, selon la mesure de ce qu'il accomplit pour l'avantage de tous.

La définition du devoir commun appartient à tous ; c'est la charte de l'humanité, et un jour viendra où elle sera élaborée dans un congrès formé de tous les représentants des peuples libres.

Le choix, la liberté des moyens appartient à chaque peuple. C'est le code des nations, il ne peut être fait que par elles. Chacune déterminera la mission spéciale qui lui est reservée dans le monde.

C'est sur ces fondements que doit s'asseoir l'organisation de la Démocratie européenne.

Nous y parviendrons en poursuivant l'étude des questions spéciales; politiques et sociales : c'est le but que nous nous proposons dans cet ouvrage; quand aux moyens ils s'y trouvent discutés, et, nous le croyons, résolus.

Mais avant de rechercher les moyens d'organiser la Démocratie européenne qui permettra la Confédération des Etats-Unis d'Europe, nous nous occuperons d'abord de la France et nous étudierons les moyens pratiques de constituer chez nous la véritable République.

De la Tradition Révolutionnaire

Le salut de la Démocratie en France et en Europe est contenu dans les enseignements bien compris de notre grande tradition révolutionnaire.

C'est un arsenal de guerre contre les ennemis des peuples, elle contient pour l'avenir le salut suprême de la France et de l'Europe. Qui pourrait nier qu'elle soit, sous un autre rapport, la pierre de touche et la vraie méthode expérimentale des idées nouvelles, le palladium de la grande fraternité démocratique et sociale, qui est le but de nos idées, et qui sera la conquête de notre génération.

Aussi, nous ne craignons pas d'affirmer que notre grande époque révolutionnaire, indépendamment des impérissables leçons de sa lutte glorieuse contre les ennemis du dehors et les factions du dedans, a laissé au monde des enseignements non moins impérissables, qui, dans l'ordre purement philosophique, moral, politique, sont une école, une méthode, dont il faut que les vrais défenseurs de l'égalité humaine apprennent les rudiments.

Est-ce à dire maintenant que nous devons nous en tenir au passé? Non, car le cercle de l'esprit humain peut toujours s'agrandir. Et l'œuvre principale de la Révolution a été faite sur la philosophie, tandis qu'aujourd'hui, cette œuvre doit se continuer sur le socialisme.

Pour atteindre un but, on ne le peut qu'à l'aide d'une règle, ou du développement d'une règle déjà existante. Cette règle, nous la trouvons dans la *Tradition Révolutionnaire*, c'est en elle que nous nous appliquerons à chercher la solution du problème :

ORGANISATION DÉMOCRATIQUE ET SOCIALE DE LA FRANCE.

De l'Élection Législative

La Constitution de 1793 ne s'est pas bornée à réclamer la souveraineté du Peuple, elle en a garanti l'exercice, par une série de dispositions qui ne laissent rien à l'arbitraire ni aux interprétations. Sous son empire, il n'eut pas été possible de toucher au suffrage universel, car en même temps qu'elle fixait d'une manière suprême, pour l'électorat et pour l'éligibilité, les conditions d'âge et de domicile, de moralité et de nationalité, elle réservait exclusivement au souverain, c'est-à-dire à l'universalité des citoyens, le droit d'exiger la révision de la Constitution et d'approuver les changements proposés par une convention déléguée à cet effet. Les règles embrassent tous les détails ; la formation des sections électorales, leur police intérieure, le jour des élections, la convocation extraordinaire des électeurs, le mode de votation, tout est prévu et précisé, de telle sorte que la loi électorale tout entière se trouve dans la *Constitution de 1793*.

Nous ne pouvons certes mieux faire.

Quant au mode adopté pour la nomination de la *Délégation nationale*, il diffère sur un point essentiel de celui qui est suivi depuis 1848, qui consiste à centraliser les votes au département (scrutin de liste) et pour lequel nous n'hésitons pas à prendre parti.

Car, si on exige que le corps législatif soit nommé par la totalité des citoyens, la *délégation* donnée par l'electeur, n'est ni raisonnée, ni intelligente et elle perd de son importance et de sa sincérité. L'électeur ne doit pas agir en aveugle, il ne doit accorder son suffrage, qu'à celui qu'il sait le mériter par sa capacité et surtout par sa probité. Or, est-il permis de supposer que dix millions d'électeurs, répandus dans nos départements, sans compter les colonies, puissent faire un acte sérieux, en votant pour sept cents candidats, avoir une connaissance personnelle suffisante des titres que chacun d'eux possède à leur confiance.

Quels noms sortiraient évidemment du scrutin? Des noms d'intrigants, de charlatans politiques, qui auraient fatigué la publicité de réclames.

En résumé, cette élection ne serait que comédie et mensonge; et abandonné à l'intrigue, le suffrage perdrait sa conscience et sa liberté.

Quant au scrutin d'arrondissement nous le repousserons tant que l'éducation politique, du peuple ne sera pas faite, tant qu'il ne saura par lui-même choisir ses *délégués*.

Aujourd'hui le scrutin par arrondissement est peu propre à une élection politique la richesse et le pouvoir pouvant encore corrompre, tromper les électeurs ou les entraîner par des considérations locales.

Pour ce qui est du nombre des députés, nous n'hésitons pas à dire que ce nombre doit être réduit considérablement.

Un député par 100,000 habitants, soit 360 pour la France entière, suffit à la défense de tous les intérêts.

Les assemblées sont-elles trop nombreuses? Elles perdent leur temps; les séances sont plus tumultueuses, les partis plus audacieux, les passions plus irritables, et le nombre des hommes capables et dévoués ne croît pas en raison de l'extension donnée à la délégation nationale.

Nous définirons plus loin quelles doivent être les attributions du corps législatif.

A part les modifications que nous avons signalées, pour ce qui regarde l'*élection législative*, la constitution de 93 sera pour tous les républicains l'œuvre la plus éminemment démocratique qui soit sortie du génie révolutionnaire.

Pouvoir Législatif. — Plus de Représentants

Le principe du Gouvernement Direct, la théorie du *Peuple exerçant sa souveraineté par lui-même* est-elle discutable en droit?

Est-il possible de déléguer dans toute leur plénitude, ses pouvoirs à des tiers, sans les aliéner au moins momentanément; et la représentation législative, avec ses prérogatives absolues, n'est-elle pas une véritable confiscation temporaire de sa souveraineté.

Aux yeux de la raison, le nier serait folie : car un peuple qui ne cesserait pas d'être souverain, avec des représentants, qui seuls, ont le droit, en toutes choses, de l'initiative et du contrôle, cela implique contradiction.

La souveraineté ne se divise pas et quand, elle se délègue et se transmet pour un temps, elle cesse d'être. elle abdique pour cette durée : — Donc, si la souveraineté du Peuple ne s'exerce pas directement par elle-même et dans une action incessante, pendant les intervalles parlementaires, elle n'existe plus, elle est confisquée; donc le principe de la souveraineté du Peuple et son exercice vrai sont logiquement incompatibles avec la représentation nationale, avec toute délégation même limitée, comme attributions souveraines et comme temps.

Que faut-il en conclure ? — *Que la souveraineté se manifestant par la Loi, c'est au Peuple à faire ses lois lui-même, sauf préparation antérieure par ses délégués, ayant mission d'instruire et de proposer au souverain.*

Ainsi donc :

« *Plus de Représentants,* mais de simples délégués, des commissaires pour
« ne pas dire des commis, nommés seulement pour préparer la Loi, laissant
« au Peuple le soin de la voter ; en d'autres termes :
« *Gouvernement de la nation par la nation.* »

Nous allons examiner :
1° Si cette idée est vraie philosophiquement ;
2° Si elle est praticable ;
3° Dans quelle mesure elle est praticable ;
4° Si enfin, elle est profitable ou nuisible à la nation.

D'abord que l'idée du gouvernement direct de la nation par la nation soit philosophiquement vraie, pas de doute à cet égard. Consultons Rousseau :

« La souveraineté, dit-il, dans le contrat social, n'étant que l'exercice de
« la volonté générale, ne peut jamais s'aliéner, et le souverain, qui n'est
« qu'un être collectif, ne peut être *représenté que par lui-même.* »
« Cependant, les députés du Peuple, ne sont et ne peuvent être ses repré-
« sentants ; ils ne sont que ses commissaires, *ils ne peuvent rien conclure*
« *définitivement.* Toute loi que *le Peuple en personne, n'a pas ratifiée est*
« *nulle ; ce n'est point une loi.* »

Il ajoute : « A l'instant qu'un Peuple se donne des *représentants, il n'est plus libre, il n'est plus.* »

Oui, un peuple qui se fait représenter, cesse bien d'être libre, car, pour ne citer que deux exemples récents, qui pourrait soutenir, en effet. que pour la loi sur les maires, la France eût voté comme ont voté ses représentants ? Et lors de la mutilation du suffrage universel, surtout imagine-t-on que le peuple se fut immolé de ses propres mains ?

Mais, nous dira-t-on, vous confondez deux choses : le droit et le fait, le principe et le vice du choix. Si le peuple s'est trompé sur les hommes ; cela ne prouve rien contre l'institution ; de meilleures élections n'eussent point engendré d'aussi funestes résultats.

Le Peuple, répondrons-nous à notre tour, qui, jamais ne se méprendra sur ses véritables intérêts, sur ce qui est bon pour lui, sera longtemps encore susceptible de s'égarer sur les hommes et sur les noms. Le monde n'est-il pas au privilége, à l'intrigue, au prestige, à la renommée bien plus qu'au dévouement et à la vertu? Les plus célèbres ne sont-ils pas souvent, ceux qui, au lieu de suivre modestement, en conscience, de cœur et d'esprit, le droit sillon, ont, par d'éclatantes contradictions, attaché le plus de bruit à leurs pas? La félicité d'une nation ne peut donc dépendre des personnes, elle ne doit reposer que sur des principes.

Donc, la théorie du gouvernement direct de la nation par la nation est philosophiquement et politiquement vraie.

Peut-être en théorie s'écriera-t-on, mais en politique, jamais. Voyez d'ici une grande nation comme la France toujours assemblée ; quel rêve, quelle chimère !

Et le travail, la production, que deviendront-ils ?

De telles institutions étaient bonnes chez les Grecs, chez les Romains ; ils habitaient un climat doux, ils n'étaient point avides, des esclaves faisaient leurs travaux. N'ayant pas les mêmes avantages, comment avoir les mêmes droits ?

Ressusciterez-vous les esclaves, les ilotes ?

Non, nous ne voulons pas d'esclaves, d'ilotes, nous qui ne voulons ni prolétaires, ni salariat.

Nous ferons seulement remarquer que si les Républiques antiques étaient constamment sur l'agora ou le forum, c'est que les citoyens y exerçaient non seulement les droits de souveraineté, mais une partie de ceux du gouvernement. Ils traitaient certaines affaires, ils jugeaient certaines autres ; ce n'est pas cela que nous voulons.

Nous voulons que le gouvernement de la nation par la nation s'applique dans la raison du possible.

Voyons donc quelle est la limite à poser entre ce que le Peuple doit faire directement et ce qu'il doit nécessairement déléguer.

Cette ligne de démarcation, la voici :

1° « La souveraineté n'étant que l'exercice de la volonté générale, ne peut « jamais s'aliéner. —

« De là, l'institution de la République. —

« Car, toute autre forme de gouvernement serait une aliénation du droit.

2° « Le souverain, qui n'est qu'un être collectif, ne peut être représenté « que par lui-même. —

« De là, le gouvernement de la nation par la nation. — »

Et à l'appui, nous en appelons à la Constitution de 1793, qui pose ce principe :

« Le Peuple Souverain est l'universalité des citoyens français.

« Il délibère sur les lois,

« Le corps législatif *propose* les lois (1) et rend des décrets. (2)

« Les lois doivent être *acceptées* par le Peuple.

A une autre objection que l'on pourra faire ? —

Pourquoi consulter le Peuple sur toutes les lois ?

Ne suffit-il pas de lui déférer les lois constitutionnelles et d'attendre ses réclamations sur les autres, comme cela se pratique en Suisse ?

Nous répondrons :

C'est une offense au Peuple que de détailler les divers actes de sa souveraineté.

Ensuite, ne croyez pas que les mandataires fassent un si grand nombre de lois dans l'année. On se guérira peu à peu de cette manie de législation, qui écrase la législation au lieu de la relever ; et dans tous les cas, il vaut mieux attendre et se passer même d'une bonne loi que de se voir encore exposé à la multiplicité des mauvaises.

Ainsi, pour nous résumer :

Les membres de la Législature doivent proposer les lois et faire les décrets ; les lois n'ont le caractère de lois que lorsque le Peuple les a formellement acceptées. Jusqu'à ce moment, elles ne sont que des projets ; alors, elles sont l'expression de la volonté du Peuple. Les décrets ne seront exécutés avant d'être soumis à la sanction du Peuple, que, parce qu'il sera sensé les approuver. S'il n'a pas réclamé un mois après l'envoi de la loi proposée, si dans la moitié des départements plus un, le dixième des assemblées primaires de chacun d'eux, régulièrement formées, n'a pas réclamé, le projet est accepté et devient Loi.

Le peuple ne doit pas discuter la Loi, la manifestation de la volonté populaire doit rester confinée dans les limites de l'acceptation ou du rejet, formulés par oui ou par non.

Ce consentement sera donc *exprimé* ou *tacite* suivant le cas ; mais dans aucun cas, la *volonté Souveraine ne se représentera*, elle sera présumée.

Nous continuons :

Si, avec Rousseau, nous avons démontré que le Gouvernement direct découle de la nature même des choses ; avec la constitution de 1793, qu'il est facile à organiser, que reste-t-il maintenant ? Cette seule objection :..

Si le peuple légifère lui-même c'en est fini du travail national, la fortune publique recevra la plus mortelle atteinte. —

N'exagérons pas : la question étant réduite aux termes dans lesquels elle a été posée par la Convention :

---

(1) Sont compris sous le nom général de *lois* : les actes concernant la législation civile et criminelle, l'administration générale des revenus et des dépenses ordinaires de la République, les domaines nationaux, le titre, le poids, l'empreinte et la dénomination des monnaies, la nature, le montant et la perception des impôts, les déclarations de guerre, les traités, toute nouvelle distribution générale du territoire, l'instruction publique, l'organisation militaire et les honneurs publics à la mémoire des grands hommes.

(2) En ce qui touche les décrets laissés à l'initiative de l'assemblée nationale, ils ne comprennent que des matières secondaires en quelque sorte ; et les matières d'urgence ayant un caractère administratif plutôt que législatif.

— Le peuple votant les Lois, et l'Assemblée des Délégués pourvoyant par des décrets aux nécessités secondaires. —

Combien de fois suppose-t-on que le Peuple aurait, dans l'année à exercer son Droit ? Bien rarement, lorsque les principes primordiaux, sa constitution en un mot, aurait été posée par lui.

Puis, si on réfléchit au nombre de jours que le Peuple perd en fêtes, en Dimanches, en chômage ? Le temps qu'il dépense ainsi, ne serait-il pas plus utilement employé à cimenter son indépendance, sa grandeur, sa propriété ?

Quoi ! le Peuple en France, n'aurait pas bien gagné sa journée, quand la nation aurait statué, en connaissance de cause, sur ses intérêts les plus précieux ; quand elle aurait réglé son impôt, son crédit, les bases de sa propriété, les lois de son travail intérieur, de ses exportations ; quand elle aurait fondé l'Association et la solidarité ; quand elle aurait cicatrisé ces chancres du cœur et du corps, l'ignorance et la misère !

Et maintenant, au gouvernement de la nation par la nation, pourra-t-on encore nous opposer celui d'une

Monarchie Constitutionnelle ?

Qu'est-ce que la monarchie constitutionnelle ?

En Angleterre, dont on cite souvent le mécanisme gouvernemental, elle repose sur trois pouvoirs : la royauté, la chambre des lords, la chambre des communes ; mais ces trois pouvoirs ne sont que trois fonctions, trois manifestations diverses d'un seul pouvoir, c'est l'*Aristocratie*. La constitution anglaise ne repose pas comme chez nous sur le jeu de trois pouvoirs naturellement et nécessairement rivaux. Car, mettre en présence le principe héréditaire et le principe électif, un roi et une assemblée, n'est-ce pas créer au sommet de la société la nécessité d'une lutte pleine de périls ?

Et si, en cas de conflit, nul moyen légal n'existe de faire céder soit le monarque, parce qu'il est inviolable ; soit l'assemblée, parce que le droit de voter les subsides la rend toute puissante, n'est-il pas évident que la société flotte incertaine entre une révolution et un coup d'état.

Il est vrai, qu'en prévoyance de cette lutte, on confie à un troisième pouvoir le soin de la prévenir ou de l'apaiser. Mais, est-il raisonnable que pour arriver à une médiation, l'on commence par faire naître une cause de discordes ?

N'inventez pas le mal, vous n'aurez pas à inventer le remède.

A supposer d'abord, que l'autorité médiatrice remplisse exactement son rôle, est-ce qu'une impulsion vigoureuse sortira jamais de l'arrangement mécanique de ces trois forces éternellement en peine de leur équilibre ? Un tel équilibre sera bon pour empêcher et non pour agir ; or un gouvernement doit marcher en avant et non se perdre en disputes intestines.

Bizarre sagesse ! admettre deux pouvoirs intéressés à se faire la guerre, et en appeler un troisième pour rétablir la paix ! C'est comme si Dieu, en créant le corps humain, eût chargé le bras droit de contrôler et de contenir la tête, en confiant au bras gauche la mission d'intervenir entre les deux !

Ce court aperçu du mécanisme constitutionnel est suffisant pour nous expliquer ces luttes de coteries et d'individualités au sein des chambres. C'est un théâtre où se jouent la fortune et la popularité de quelques hommes ; le pays n'est rien.

La France a relégué dans son passé et ces hommes et ces gouvernements. Elle veut le Gouvernement de la nation par la nation.

— Un dernier mot, le gouvernement de la nation par la nation, est le seul qui nous sauvera pour toujours des tyrannies, des dictatures, des aristocraties quelles qu'elles soient ; avec lui, le Peuple fera mieux que de triompher ; pour la première fois, enfin, il n'aura plus de maître, il *régnera*.

Pouvoir exécutif — Plus de Président (1)

Le Peuple est souverain dans toute l'acception du mot.

Pour élire un Président de la République, pour établir *l'institution du Pouvoir Exécutif*, comme on l'a comprise jusqu'à présent et telle qu'elle est établie dans la constitution de 1848, c'est vouloir installer l'antagonisme au sommet de la République.

En effet, deux pouvoirs ; le Législatif et l'Exécutif ayant même origine et par conséquent même force, puisque tous deux sont nommés directement par le Peuple, ne peuvent longtemps vivre d'intelligence ; tous deux se croient l'expression véritable de la volonté nationale, tous deux se croient tenus de la faire respecter.

Aujourd'hui, il est vrai on a ressuscité le suffrage à deux degrés, mais les dangers de l'Exécutif ne sont pas levés.

Ces dangers ne disparaîtront qu'en supprimant la présidence de la République et en faisant sortir le pouvoir exécutif qui la remplacera, du sein de l'Assemblée nationale ; qui pourra toujours le révoquer, et qui, par ce moyen, le subalternisera constamment.

Est-il besoin d'ajouter que l'importance du pouvoir exécutif sera d'ailleurs notablement réduite, et que jamais, par exemple, il ne pourra être que l'organe des volontés de l'Assemblée, sanctionnées par le vote de tous les citoyens ?

Disons enfin, qu'une responsabilité efficace s'attachera à toutes les fonctions de l'ordre exécutif, depuis la plus élevée jusqu'à la plus humble.

Donc, pour nous résumer :

« *Le Pouvoir exécutif ne sera jamais délégué à un seul* » partant, *plus de Président de République.*

---

(1) Trop respectueux des lois, il est bien entendu que nous ne voulons pas dans ce chapitre attaquer la constitution librement votée par les Républicains de l'Assemblée, et acceptée franchement par tout le parti en France.

Le gouvernement de M. le Maréchal de Mac-Mahon est donc complètement en dehors de l'opinion que nous pouvons émettre sur le Pouvoir Exécutif dans une République démocratique et sociale.

« Le Pouvoir exécutif sera composé de sept membres pris dans l'Assemblée
« et choisis par elle, et acceptés par le Peuple. Ils seront révocables et ne
« seront jamais réélus par la même Législature, car leur pouvoir finira avec
« elle. »

— Nous supprimons avec la Présidence, la rivalité des deux pouvoirs exécutif et législatif, les coups d'Etat, le népotisme, la liste civile, qui sont pour
le Peuple autant d'obstacles qui l'empêchent d'accomplir librement ses destinées dans la liberté, l'égalité et la fraternité.

Le Département — La Commune

Si le Peuple dans son universalité est le souverain législateur ; s'il ne doit
plus déléguer ses pouvoirs, mais les exercer lui-même, pourquoi les citoyens
seraient-ils privés de ce droit sacré, inaliénable, lorsqu'il s'agit d'engager les
intérêts *du département et de la commune ?*

On serait fort en peine assurément de justifier une distinction que ne com-
porte, à aucun titre, la rigueur de la règle et d'établir que l'intervention
directe des citoyens dans les affaires départementales et communales est
moins nécessaire, moins légitime et moins facile que leur intervention collective dans les matières touchant à la législation générale.

Ceci posé, les conséquences surgissent d'elles-mêmes : les habitants du
département ou de la commune, réunis en sections électorales, votent les
budgets, les règlements généraux, nomment directement les fonctionnaires
de leur circonscription ; les conseils généraux et municipaux ne sont plus
que des commissions chargées de préparer l'examen des questions et d'assurer l'exécution des délibérations prises par la majorité.

Et, qu'on ne croie pas que ces obligations soient de nature à entraver le
travail, à tarir les sources de la prospérité publique ?

Les conseils généraux siègent chaque année pendant 35 jours au plus et
les conseils municipaux ont quatre sessions trimestrielles de 12 jours, ce qui
équivaut environ pour le tout à 48 réunions *au plus* de quelques heures
chacune par année.

Si maintenant, nous tenons compte de la simplification introduite dans
l'administration départementale et locale par le régime unitaire du gouvernement direct de la nation, on conviendra que les matières à soumettre aux
sections électorales seront naturellement réduites et qu'il suffira d'un petit
nombre de convocations annuelles, pour pourvoir à tous les besoins d'ordre
départemental et communal.

Ajoutons qu'un peuple digne de la liberté ne doit pas renoncer par non-
chalance ou cupidité à consacrer quelques heures par semaine à la gestion de
ses propres affaires.

Du reste, le temps ne lui manque pas. En effet, que se passe-t-il aujour-
d'hui ? Les habitudes du culte catholique prennent à nos travailleurs environ
le quart de leur temps chaque année. Croit-on que ces 60 ou 80 journées

2

perdues annuellement, pour des pratiques qui ont cessé d'avoir une valeur morale, puisqu'elles ne sont plus dictées par la foi, croit-on, disons-nous, que ces journées ne seraient pas plus utilement employées à la discussion des intérêts de la Démocratie ?

Se figure-t-on quels puissants éléments de moralisation sortiraient de ces réunions hebdomadaires, et quelle école féconde ce serait pour l'intelligence et le dévouement.

Le peuple des campagnes se réunit le Dimanche, autour de l'Église paroissiale ; les hommes y parlent de leurs intérêts privés ; c'est avec le marché, le seul lieu, où ils échangent leurs pensées.

Les sections électorales dans lesquelles s'agiteront les plus importantes questions, ne remplaceront-elles pas avec avantage ces réunions accidentelles.

Le culte catholique est encore aujourd'hui le seul moyen de distraction que la société offre aux villageois, et le prêtre romain ne sera supplanté que le jour où la nation, s'élevant à la hauteur de ses destinées nouvelles, offrira un aliment moins trompeur à l'imagination de nos frères des campagnes.

On le voit, c'est pour les affaires départementales et communales, la même organisation, le même système que pour les affaires qui intéressent la nation, l'universalité des citoyens.

Continuons :

Il y aurait bien des observations à faire sur le système actuel de la division territoriale : ainsi, pour les Sous-Préfectures, il n'est pas un homme sérieux qui songe à nier leur inutilité, cependant on les conserve ; il est vrai que ces sinécures sont les récompenses des courtisans. Il faut bien que les bassesses se paient !

Et les Conseils d'arrondissements, à quoi bon ?...

Nous estimons en outre, que la commune, ne doit pas rester ce qu'elle est, morcelée et impuissante.

La commune actuelle est trop faible : on compte en France (chiffre rond) 38 mille communes pour 36 millions d'habitants ; c'est donc en moyenne un peu moins de mille habitants pour chaque commune.

Est-il possible qu'en éparpillant ainsi la force nationale, on n'ait pas été guidé par la pensée de livrer des agrégations de citoyens à l'influence malfaisante de quelques familles ?

Nous n'hésitons donc pas de dire, qu'il faut à la commune une existence plus virile, plus égalitaire ; pour cela, il faut qu'elle ait la circonscription actuellement réservée aux cantons, elle comprendrait alors de 15 à 20 mille âmes.

Pour que la constitution de la commune réponde aux besoins de solidarité et d'association qui serviront de bases à la société future ; pour que la commune s'émancipe ; pour qu'elle puisse choisir librement et avec discernement ses fonctionnaires, ne faut-il pas qu'elle présente une population susceptible de fournir le personnel nécessaire à tous les services ?

Or. personne ne l'ignore. dans l'état actuel des choses, il est en France des milliers de communes dont il est difficile de remplacer les administrateurs, si mauvais qu'ils soient, d'ailleurs. Que les maires soient choisis par le pouvoir, ou qu'ils sortent de l'élection les mêmes noms se représentent fatalement sous tous les régimes ; il n'y a pas de choix à faire, en dehors de telle ou telle famille ; et le gouvernement quel qu'il soit, est obligé de passer sous les fourches caudines d'une invincible nécessité.

Est-ce en restant dans ces bornes étroites, que la Commune pourra s'affranchir ? Comment organiser le travail par l'association et le crédit, si les agglomérations administratives ne présentent pas une plus grande force de cohésion et d'intelligence ?

— Il est un autre point de vue qui mérite d'être pris en considération. Les maires, considérés comme agents de la volonté communale, doivent être élus sans distinction de lieux et de populations, par *les commissaires ou délégués de la commune*, et, révocables comme ces derniers par les électeurs.

Nous disons qu'ils doivent être nommés par les conseillers, parce que l'élection directe, leur donnerait trop d'autorité et amènerait nécessairement sur une plus petite échelle, les embarras qu'il y a toujours entre un président et une assemblée législative nommés tous deux directement par le Peuple.

Par ce double motif, il devient nécessaire de scinder les fonctions conférées jusqu'à ce jour aux premiers magistrats des communes. Agents des citoyens, ils ne doivent relever que de leurs mandans et, dès lors, ils ne sauraient plus conserver les attributions mixtes qui les placent sous la dépendance absolue du pouvoir central.

Il y aurait cependant un grave danger à laisser les intérêts collectifs sans représentant dans la commune. Il faut donc qu'en dehors des influences locales, un fonctionnaire soit chargé d'assurer l'exécution des lois votées par le Peuple souverain, et de surveiller tous les services publics.

L'institution de cette fonction nouvelle serait impossible ou ruineuse pour la commune actuelle, elle ne pourra trouver son utilité que dans l'érection de la commune cantonale.

Voilà, quelles doivent être les règles principales de l'administration départementale et communale.

En présence de la commune aussi fortement organisée, l'institution départementale ne serait plus qu'un rouage secondaire, destiné à centraliser la surveillance administrative.

Les conseils généraux perdraient de leur importance et leurs attributions devraient être considérablement modifiées.

La plupart des dépenses départementales rentrant à juste titre dans le budget général de la nation, le rôle des conseils généraux se bornerait à assurer la répartition de l'impôt, sauf ratification des contribuables, à vider les questions de conflit qui pourraient s'élever entre les communes, à constituer une sorte de tribunal d'appel pour les citoyens qui auraient à se plaindre d'un fait administratif.

Enfin, au département comme à la commune se trouverait un agent chargé de représenter la souveraineté collective, mais à titre de surveillance générale, plutôt que d'action directe et d'initiative.

Comme on le voit, dans le gouvernement direct de la nation par la nation *la commune est tout.*

L'Impôt

Si la République est le seul gouvernement où l'homme puisse développer librement toutes ses facultés ; si l'Égalité n'est pas un mensonge, la Fraternité un mot vide de sens, l'*Impôt* sous la République doit être égal pour *tous* consenti par *tous* et servir à répandre sur *tous* les bienfaits d'une large solidarité.

Pour que l'impôt soit égal, il faut qu'il soit unique et direct. Est-ce à dire pour cela, qu'il suffira de faire le dénombrement des citoyens et de diviser entre eux le budget, par portions égales ? Nul n'oserait le soutenir.

Le principe de proportionnalité satisferait-il mieux à l'équité ? — Pas davantage. — Demander 10 francs par an à l'ouvrier qui gagne péniblement 500 francs par année, et 100 francs au rentier qui jouit d'un revenu de 5000 francs ; ce serait écraser le premier et favoriser le second.

Il faut donc appliquer l'échelle progressive à l'impôt, de manière à atténuer, autant que possible, les inégalités sociales. Demandant beaucoup ceux qui ont beaucoup, demandant peu à ceux qui ont peu ; il faut, en un mot, qu'il y ait égalité de sacrifices entre le pauvre et le riche.

On a proposé d'exempter de tout impôt le citoyen qui n'a que le nécessaire mais cette exemption injurieuse d'abord, ressusciterait le prolétariat romain qui n'échappait à l'impôt que pour être privé de tous ses droits.

Partant de ce principe que la société doit le nécessaire à tous ceux de ses membres qui ne peuvent se le procurer par le travail, je propose au contraire que la Constitution consacre ce principe, et que le pauvre qui, pour sa contribution doit une obole la reçoive de la patrie pour la reverser dans le trésor public.

L'*Impôt* est parfaitement légitime, c'est une dette sociale et conséquemment tous les citoyens, étant appelés à profiter des avantages de la société doivent en supporter les charges dans une proportion équitable.

Et, tous pourront l'acquitter, car la République n'aura plus de pauvres quand elle saura honorer et assurer le travail, et surtout, quand débarassé de l'impôt indirect et de l'usure, le travail pourra s'épanouir en toute liberté.

Ainsi donc, nous léguerons au passé : l'impôt foncier, l'impôt personnel mobilier, l'impôt des patentes et portes et fenêtres, les centimes additionnels pour les départements et les communes, les douanes les contributions indirectes sur la consommation, l'enregistrement, le timbre, les hypothèques les droits de succession, les octrois, les taxes sur les marchés, sur les canaux sur les voitures publiques et les chemins de fer, les prestations en nature l'impôt des boissons et quelques autres modes de perception qui varient suivant les lieux, mais qui frappent également la prospérité nationale à ses véritables sources,

Et, ce qui rend ces impôts si pesants, ce n'est pas seulement leur énormité, c'est l'iniquité de leur répartition et de leur emploi ; c'est surtout le caractère de vexation intolérable qui préside à leur perception ; c'est enfin, le bénéfice usuraire qu'ils assurent au capital, qui s'en rembourse sur le salaire et la consommation en détail.

N'oublions pas la collection des impôts qui coûte une somme exhorbitante et qui est une perte sèche pour la société, sans parler des millions de bras enlevés à la production pour un service stérile et funeste.

Tous ces inconvénients doivent disparaître devant : *l'organisation démocratique de l'impôt*, tel que nous le comprenons, c'est-à-dire devant l'*impôt unique, direct, proportionnel quant au nombre, progressif quant à la fortune.*

Mais comment établir la proportionnalité progressive ?

— Rien n'est plus facile.

L'assemblée nationale fera la répartition de la totalité du budget entre tous les départements, suivant leur population, leur prospérité industrielle et agricole (comme cela se pratique aujourd'hui) en étageant l'assiette de l'impôt, d'après une règle de progression, dont la statistique fournirait tous les éléments.

Il va sans dire que cette répartition serait soumise chaque année, au vote de l'universalité des citoyens.

Les administrations de département auraient ensuite à partager le chiffre qui lui serait imposé, entre les circonscriptions de leur ressort, sauf toujours bien entendu, la vérification des citoyens, puis, en dernier lieu, il se ferait avec la même garantie, une dernière répartition par commune, pour fixer la part contributive de chaque citoyen. L'usage suivi, jusqu'à ce jour pour l'impôt foncier, n'aurait donc besoin que d'être généralisé, pour s'accommoder aux rigueurs de l'équité démocratique.

Afin de faciliter l'opération, il serait bon, qu'au préalable, les citoyens fussent mis en demeure de déclarer leur fortune au secrétariat de la commune ; le tableau de ces déclarations serait publié ; tous les contribuables seraient appelés à le contrôler ; puis, lorsqu'il aurait été définitivement clos, le chiffre à payer par chaque citoyen, serait trouvé par un calcul aussi simple que facile.

Exemple : Supposons une population de 10.000 contribuables se trouvant dans la moyenne générale, et devant payer à l'État une moyenne de 640,000 francs.

Avec le tableau indicatif dont nous venons de parler, le premier comptable venu établira, au moyen de huit ou dix catégories, une progression qui satisfera complètement à toutes les exigences de l'équité.

L'impôt progressif conçu de cette manière, a-t-il rien d'effrayant ou d'impraticable ?

Il ne faudrait pas un mois pour organiser ce service, et l'intervention constante de tous les citoyens, à tous les degrés, pour la fixation, aussi bien que pour la distribution de l'impôt, offrirait un gage assuré de bonne et fraternelle justice.

Le mode que nous proposons, outre qu'il serait parfaitement confor
aux principes démocratiques, aurait d'incalculables avantages.

N'ayant plus à supporter aucune autre sorte d'impôt, débarassé des dro
d'octroi, achetant le vin, le sucre, le sel, la viande, le pain à leurs prix rée
n'ayant plus à payer l'air, ni le soleil, trouvant dans une banque nation:
et l'association (voy. crédit p. 24) les moyens d'échapper à l'usure et :
salariat, l'ouvrier s'honorerait de contribuer, suivant ses facultés aux charg
de l'État.

Et si, on porte en ligne de compte les pertes de tout genre que la fiscali
fait éprouver au travail, en enchaînant sa liberté ; si d'autre part, on envisa
les bienfaits qui résulteraient de l'administration économique et intellige:
du budget ; on a le droit de dire qu'alors le *Travailleur obtiendra ainsi s*
émancipation définitive, et que la République deviendra une Vérité.

Le Crédit

Après l'*Impôt* vient le *Crédit,* par ordre d'importance.

La transformation de l'impôt si équitable, si radicale que nous nous soyo
efforcés de la rendre ; sa réduction aussi loin qu'on veuille la pousser,
seront d'aucun secours au Peuple, tant que le crédit restera constitué comn
il l'est aujourd'hui.

Dans notre précédent article, nous avons laissé comprendre que l'imp
était presque tout entier payé par les vingt millions de travailleurs que no
avons en France ; que de plus, ils paient encore de ce chef, aux intermédiair
placés entre eux et l'État une prime énorme.

Ce qui fait que les capitalistes et les propriétaires échapperaient à l'imp
progressif, s'ils restaient les dispensateurs du travail et du crédit, puisqu
leur suffirait d'élever le loyer des instruments de travail, pour se rembours
avec usure des avances qu'ils auraient faites à l'État.

Ce ne sera donc que par l'organisation démocratique du crédit que
société pourra inaugurer l'émancipation complète des travailleurs.

Le travail est la loi de l'humanité; la République doit le mettre à la port
de tous et de chacun par l'*Éducation gratuite, commune et obligatoire* d'abor
par le *crédit* ensuite.

Nous définirons ainsi le *crédit : le moyen d'échanger le travail accumulé :*
le travail à venir, contre des valeurs d'un emploi immédiat et général.

On a prétendu que le travail n'avait besoin que de liberté pour se dév
lopper et que, l'intervention de l'État, fut-ce même au simple titre de di
pensateur du crédit, serait inefficace ou dangereuse.

Examinons ce système.

Le travail est-libre aujourd'hui ? Nous répondons négativement. — Pou
rait-il jamais le devenir, livré aux exigences et au despotisme du capita
Nul n'oserait le soutenir. —

C'est donc pour fonder cette liberté, que nous faisons appel à l'esprit
solidarité, à l'État, si l'on veut, mais à l'État devenu l'instrument intellige
et fidèle de la volonté souveraine du Peuple.

Que, sous la monarchie, on s'effraie de l'intervention des pouvoirs publics ; qu'on se fasse de l'État un être monstrueux, parasite, hostile même aux citoyens, cela se conçoit ; mais la République, — son nom l'indique assez, — c'est la chose publique, c'est, nous ne saurions trop le répéter, le *gouvernement de tous par tous et pour tous.* Où serait donc le danger de centraliser la direction suprême du crédit national ?

Nous estimons donc que le Gouvernement de la République, émanant du libre choix des citoyens, placé sous leur surveillance incessante, doit pourvoir à tous les besoins généraux et naturels, protéger tous les intérêts, porter partout la vie et la liberté, relier, en un mot, dans une solidarité égalitaire, toutes les forces du Peuple.

Des uns prétendent encore fonder l'émancipation du travail, par les travailleurs eux-mêmes, en dehors des formes actuelles du crédit et de la politique.

Cette idée part d'un sentiment généreux, mais pouvons-nous méconnaître les obstacles sans nombre qui en arrêteront l'application. Peut-on se dissimuler que le travail, en s'associant, ne pourra jamais opérer que sur une échelle restreinte ? Il faut des outils, des matières premières à ces travailleurs ; il leur faut vivre, enfin, en attendant l'écoulement de leurs produits.

De là, résulte la nécessité de faire intervenir la puissance collective de la République.

Ceci posé, nous allons rechercher si la constitution du crédit, telle que nous la comprenons, est en rapport avec les bases fondamentales de la doctrine démocratique.

Toute richesse vient du travail ; les forces naturelles de l'homme ne peuvent s'utiliser qu'au moyen d'efforts incessamment renouvelés. Le capital social représente l'héritage des générations éteintes. Quant au crédit, il devrait être le serviteur du travail, et il en est le tyran.

Si le travail crée la richesse ; si à son tour, la richesse devient par le crédit l'instrument le plus puissant du travail, il est manifeste qu'il existe une affinité intime entre ces deux éléments, qui sont successivement cause et effet, et qu'organiser le travail, c'est organiser le crédit, et réciproquement.

Or, sur quelles bases doit reposer le crédit, sous la République ?

Le travail étant un droit et un devoir pour tous les hommes, il s'ensuit que tous ont un intérêt égal à assurer le travail de tous, et que c'est au nom et dans l'intérêt de tous, que la République doit organiser la répartition du crédit. En dehors de ces règles, il n'y a ni liberté, ni égalité ; il n'y a pas surtout de solidarité, qui est la fraternité des intérêts.

Pour montrer combien les règles actuelles du crédit sont contraires au principe républicain, prenons la Banque *dite de France,* qui a un monopole exhorbitant ; elle dispose souverainement du crédit dans nos départements et préside au plus détestable système de commerce qui se puisse imaginer.

A part un petit nombre de privilégiés, quel est le commerçant, l'industriel, qui puisse être assuré d'échapper à la faillite, à la ruine, au déshonneur ? Il n'en faut pas davantage pour permettre d'apprécier le système actuel.

— D'un autre côté, faut-il approuver la séparation qu'on a établie entre le crédit commercial et le crédit foncier?

Si nous gémissons de voir le travail subir les lois despotiques du capital, le commerce et l'industrie payer le tribu à la Banque *dite* de France, nous nous indignons, au même titre, en voyant les propriétaires dévorés par l'usure et en proie à la bande noire des hommes d'affaires.

Puisque tout capital, qu'il s'agisse de propriétés foncières ou mobilières, a pour origine commune le travail, pourquoi cette division arbitraire? La République ne saurait avoir deux poids et deux mesures; elle doit l'égalité à tous.

Si l'unité est un bien dans l'organisation politique et administrative; si par elle seule, peut régner la liberté dans l'égalité et la fraternité, elle n'est pas moins indispensable dans la répartition du crédit. Qu'on ne l'oublie pas, toute valeur qui a pu être, et qui n'a pas été créée, constitue une perte réelle pour la matière entière; toute injustice commise dans la répartition du crédit abaisse le niveau de la richesse sociale, tant sont impitoyables, dans leur logique, les lois éternelles de la solidarité.

Nous proposons donc : *l'établissement d'une Banque nationale, dont l'administration sera confiée à un conseil général, élu par l'assemblée nationale et toujours révocable. Son siége sera à Paris, mais elle aurait autant de succursales qu'il existe aujourd'hui de cantons, c'est-à-dire avec la nouvelle organisation (voy. p. 18) autant qu'il y aurait de communes, et ces banques seraient reliées entre elles par les banques départementales.*

On ne s'étonnera pas de la multiplicité des succursales, en remarquant que chacune d'elles aurait à desservir une agglomération de 15 à 20 mille âmes ; qu'elle serait exclusivement chargée du service de la trésorerie et des domaines ; qu'elle remplacerait, pour tout dire, les receveurs généraux et particuliers, les payeurs, percepteurs et tous autres collecteurs de deniers publics.

Qu'on n'oublie pas que l'État, devant reprendre, sauf indemnité, les chemins de fer, les canaux, les mines, la Banque verrait d'autant s'accroître ses attributions.

La Banque nationale ferait tout à la fois l'office de banque de dépôt, d'escompte, de recouvrement, de circulation, de consignation judiciaire, de prêts sur marchandises, de caisse hypothécaire. Elle accepterait toute valeur sérieuse, quel que fût le nombre des signatures, n'ayant à s'inquiéter que de la solvabilité et de la moralité du tireur et du tiré.

Comme prime d'assurance, et sauf l'approbation du souverain, la Banque nationale pourrait prélever sur ses opérations 1|6 p. 0|0 par mois de 30 jours, ce qui revient à 2 p. 0|0 l'an, sans autre intérêt, ni commission.

Pour les encaissements hors de France, elle pourrait, suivant les distances, élever la prime, pourvu qu'elle ne dépassât pas 1|3 p. 0|0 par mois, ou 4 p. 0|0 l'an.

Sur quel capital agira la Banque nationale?

Telle est la première question qu'on va nous adresser?

Nous dirons que la Banque *n'a pas besoin de capital*, puisque son papier n'entrera jamais dans la circulation qu'en échange de valeurs réelles. Le plus souvent, d'ailleurs, elle n'aura même pas besoin d'émettre de billets car au moyen de virements de parties, les crédits se solderont presque toujours en écriture.

Or, rien ne sera plus facile, la Banque nationale devant payer et recevoir pour les particuliers, aussi bien que pour l'État.

Et déjà, cela se pratique à Paris et depuis longtemps à Londres et en Amérique, où les négociants n'ont presque jamais une caisse attachée à leurs comptoirs.

Ils chargent des banquiers, qui n'ont point d'autre fonction, *de recevoir et de payer pour eux*. Toutes les affaires se règlent par des mandats (checks), que chacun fournit sur son banquier, auquel on remet, en même temps, tous les mandats que l'on reçoit. Les banquiers se rassemblent, chaque jour, à une certaine heure, et compensent les mandats que l'on a sur eux, par les mandats qu'ils ont sur les autres. On ne se sert de monnaie que pour payer les appoints et cette monnaie se compose presque entièrement de billets de confiance. (banknotes).

Supposons donc dans la France entière, une Banque centrale prolongeant ses ramifications dans toutes les communes, payant et recevant pour tout le monde ; et pour avoir en commençant une certaine encaisse métallique, nous pourvoirons à ce besoin de cette manière.

L'établissement de la Banque nationale mettrait naturellement fin au privilége de la Banque actuelle, et la première se chargeant du paiement des valeurs mises en circulation par la seconde, entrerait en possession de sa réserve métallique, qui n'est pas la propriété de la Banque, mais bien celle des individus qui ont accepté son papier.

Quant à la Banque dépossédée, la liquidation en serait faite par une commision nommée *ad hoc*.

La Banque nationale peut d'autant mieux se passer de capital, qu'éloignée de toute opération aléatoire, elle ne fera que constater, sur le *Journal-Grand-Livre de la nation*, que telle opération a été faite entre tel et tel, et qu'il y a promesse sérieuse de paiement. Or, si tout compte implique crédit et débit, le débit implique également le crédit, et réciproquement :

Un tailleur achète du drap et vend des vêtements confectionnés ; il est débiteur du fabricant et créancier du citoyen qu'il habille.

N'est-ce pas la chose la plus facile du monde que de compenser ses comptes ? Voilà ce que doit faire la Banque nationale, et, pour cela, elle n'a que quelques écritures à passer, sauf le solde favorable, revenant à l'une ou à l'autre des parties.

C'est surtout à l'égard des associations que ce procédé pourra être appliqué immédiatement, avec un grand avantage ; chacune d'elles aura son compte ouvert à la Banque de sa résidence, et celle-ci, en percevant 1|8 ou même 1|16 sur les paiements, à titre de commission, trouvera largement de quoi subvenir à ses frais.

Si, des associations, nous descendons aux particuliers, le résultat n'est pas différent.

Tout citoyen prenant la Banque pour caissier, et il y aura tout intérêt à le faire, n'aura pas besoin de monnaie, argent ou papier, que pour une partie de ses dépenses journalières pour celles que conseille la fantaisie. Quant aux autres, il les soldera en mandats sur la Banque.

Reste à voir si les billets de la Banque nationale doivent avoir cours forcé.

S'il n'y avait pas à liquider la dette hypothécaire, on pourrait se dispenser de recourir au pouvoir législatif, pour leur donner ce privilége, car, il sortira de la force des choses.

Reçu en paiement par les contributions, puisque la Banque sera le caissier de l'État, le papier de la Banque nationale sera l'instrument général des échanges.

Qui voudrait, ou plutôt qui pourrait refuser de le recevoir ?

Ce ne sera ni le négociant, ni l'industriel, ni le travailleur ; car chacun de ces citoyens aura la banque pour caissier.

Ce sera donc le capitaliste rancunier et jaloux ; mais, s'il n'accepte pas les billets de la banque, il lui faudra, en revanche, payer en écus ses fournisseurs et l'impôt progressif, et, par conséquent, se séparer toujours de ses chères pièces de cent sous.

Que gagnerait-il à ce jeu ? Il nous est impossible de le deviner.

Et, ce ne sera pas seulement pour le commerce intérieur que l'action de la Banque se produira dans toute son utilité.

Le commerce extérieur lui devra un développement et une sécurité qui lui ont fait défaut jusqu'à ce jour.

Qu'on en juge : on parle beaucoup de la *balance du commerce*, mais elle n'existe, jusqu'à présent, que dans les tableaux de l'administration des Douanes, tableaux si monstrueusement infidèles, quant à la détermination des valeurs.

Que se passe-t-il, en effet, quand un négociant français achète des charbons en Angleterre, de la fonte en Belgique, des laines en Allemagne, des soies en Italie ?

Il paie avec ses acceptations ou avec des remises qu'il achète chez les banquiers.

Peu lui importe que Bordeaux envoie des vins à Anvers, Lyon des soieries à Londres, Paris des objets de mode et de fantaisie à Francfort, Sedan et Amiens des tissus de laine et de coton à Gênes et à Livourne.

La balance du commerce viendra plus tard s'aligner sur les registres de la Douane ; mais, en attendant, il est obligé de satisfaire directement les négociants étrangers, qui, lui fournissent des matières premières ; les virements ne s'établissent qu'à *posteriori*, *de nation à nation*, et chaque opération commerciale peut donner lieu à un déplacement de numéraire ou à une circulation de lettres de change.

En sera-t-il ainsi quand la Banque sera chargée de payer et de recevoir le prix des transactions conclues avec l'étranger ?

Elle embrassera, d'un coup d'œil la véritable situation du commerce français, et connaîtra le chiffre exact de la *balance* ; elle paiera la Belgique en mandats sur Londres, l'Amérique du Nord, en traites sur le Brésil et ainsi de suite des autres États, sauf à payer ou à recevoir un appoint de solde.

Au moyen des agents consulaires que la République entretient dans les villes commerçantes du globe, et qui seraient, en même temps, les correspondants de la Banque nationale, ces opérations qui demandent aujourd'hui tant d'évolutions de capitaux et de lettres de change se termineraient par une compensation simultanée.

Nous avons dit que la Banque nationale pourrait prendre 1|8 ou 1|16 de commission sur les paiements qu'elle ferait ; cela représente 12 c. 1|2 ou 6 c. 1|4 pour 100 fr., 1 fr. 25 ou 0 fr. 62 1|2 pour 1000 fr.

D'ailleurs, sur ce point, comme en ce qui touche le taux de l'intérêt, c'est au Peuple tout entier, qu'il appartient de déterminer législativement, chaque année, ces conditions ; et, cela, va de soi, puisque le produit de la Banque, viendrait en déduction de l'impôt.

Quant aux fonds qui lui seraient confiés, à titre de placements, toujours sous la même réserve, l'intérêt pourrait être fixé à 1 1|2 p. 0|0 par an.

— Nous ne le dissimulons pas, notre vœu est d'amener une réduction générale et uniforme dans le taux de l'intérêt.

Nous sommes partis de ce principe, que les immeubles produisant en moyenne aujourd'hui 3 p. 0|0, le prix de l'argent devait être fixé de manière que le propriétaire foncier pût emprunter avec la certitude de se libérer dans un temps donné, en abandonnant la totalité du fermage qu'il a à percevoir.

Il fallait donc, en nous plaçant à ce point de vue, établir une réduction correspondante dans le loyer de l'argent, afin qu'il y eût égalité complète entre tous les capitaux, quelle qu'en soit la nature, puisqu'ils ont une origine commune : *le travail.* —

Considérons maintenant la Banque comme caisse hypothécaire.

La publicité des hypothèques est une fiction légale ; il faut qu'elle devienne une vérité, et, pour cela, il n'y a qu'à faire le plan cadastral des propriétés de chaque commune.

L'opération du cadastre, vingt fois entreprise, *jamais terminée*, après avoir coûté beaucoup de millions aux départements, s'accomplirait en moins de six mois, si, elle était confiée à la responsabilité des municipalités.

Le cadastre contiendrait le plan figuratif et estimatif des propriétés bâties cultivées ou en friche, avec indication du revenu, au cours du jour, et des baux, s'il y a lieu.

Ce travail serait fait en double original, dont l'un serait déposé aux archives de l'enregistrement et l'autre au secrétariat de la municipalité.

En cas de mutation, construction ou partage, un nouveau plan serait substitué au premier, à la diligence de l'enregistrement et par les soins de l'agent cadastral, avec mention des nouveaux propriétaires ou du changement de destination. Les collations d'hypothèques judiciaires ou conventionnelles seraient de la même manière déclarées et inscrites au plan cadastral ; et du premier coup d'œil, chacun pourrait se rendre compte de la situation d'un immeuble, puisqu'il en connaîtrait l'étendue, la nature, le produit et les charges.

Avec ce système la création de la caisse hypothécaire n'off.e plus aucune difficulté, et la propriété sort de son immobilité, pour entrer dans la circulation, au grand avantage des propriétaires, comme de tous les autres citoyens.

Deux cas se présentent : c'est un propriétaire qui veut emprunter sur un immeuble libre de toute charge, ou qui, profitant du bénéfice de la loi, à intervenir, rembourse ses créanciers.

Dans le premier cas, il se présente à la Banque avec l'extrait cadastral qui le concerne, et un certificat de l'enregistrement, constatant qu'il n'est survenu aucun changement dans la situation de sa propriété.

Si cette propriété est louée, le cadastre en fera mention ; dans le cas contraire, le propriétaire, s'il veut continuer à l'exploiter lui-même, sera considéré, pour la durée de son emprunt, comme fermier ou locataire, suivant le taux de la localité.

La Banque lui remettra en billets au porteur la somme qu'elle pourra lui prêter, et qui devra toujours être inférieure à l'estimation cadastrale.

Elle sera dès lors substituée aux droits de l'emprunteur, touchera directement les loyers, retiendra 2 p. 0|0 pour son intérêt, et fera compte du surplus à qui de droit, sauf à le consacrer, si elle y est autorisée, à l'amortissement de la dette. Faute de remboursement à l'échéance, et, sans mise en demeure, l'immeuble passe dans les mains de la Banque, qui en devient propriétaire incommutable, sauf restitution de la différence entre les loyers touchés et les intérêts dûs, sauf aussi la soulte résultant de la plus value de l'immeuble relativement au prêt.

S'agit-il au contraire d'un propriétaire voulant rembourser les créances inscrites sur ses propriétés, et profiter de la réduction d'intérêt décrétée législativement ?

— Il met son créancier en demeure de consentir à ne plus toucher que 2 p. 0|0 par an, et lui offre en échange du titre primitif une cédule hypothécaire négociable par endossement, et donnant droit à toucher 2 p. 0|0 par an, à la Banque du ressort.

Si le créancier refuse, il sera obligé d'accepter les billets de la Banque en remboursement de sa créance, principal et intérêts, l'inscription conservant ses droits est radiée et la Banque devient, comme il est dit plus haut, propriétaire de l'immeuble hypothéqué, sous la condition *de remere*.

Tous les créanciers acceptant, nous devons le supposer, la réduction de l'intérêt à 2 p. 0|0, la banque n'intervient que comme caissier. touche les fermages et paie les intérêts au porteur de la cédule hypothécaire:

A vrai dire, les créanciers hypothécaires ne pourront se dispenser de subir la réduction, car, ils seraient fort en peine de tirer meilleur parti de leur argent, quand la Banque donnerait à tous du crédit à 2 p. 0|0. Ceux qui persisteraient à exiger le remboursement, n'auront qu'à employer leurs fonds en entreprises industrielles, et nous serons loin de nous-en plaindre, puisqu'il en résultera une nouvelle création de valeurs profitable au pays tout entier.

La Banque aura encore à remplir un devoir, celui de fournir le crédit aux associations, ainsi qu'au travail individuel ; et, nous le disons, elle devra se montrer large à cet égard.

Aux associations constituées dans les conditions à régler législativement, elle fournira les fonds nécessaires à l'achat des outils, des machines, qui seraient considérés comme immeubles par destination, et, en cette qualité, susceptibles d'hypothèques.

Elle mettra également à leur disposition les matières premières, et se remboursera de ces dernières avances sur le prix des objets fabriqués dont le recouvrement lui serait confié.

Quant aux frais de premier établissement, et nous comprenons sous ce nom les avances nécessaires à l'alimentation de l'atelier, pendant la première période de ses travaux, ils constituent une dette productive d'intérêt à 2 p.0.0, et susceptible d'amortissement dans des limites à établir, selon les métiers et les besoins.

En ce qui touche le crédit individuel, il ne pourait être accordé que sur la garantie de deux citoyens ayant compte ouvert à la Banque.

Vis-à-vis des associations fontionnant dans les limites générales qui leur seront fixées, il n'y aura point de pertes pour la Banque.

Quant aux individus sollicitant un crédit personnel, la caution exigée sera une garantie suffisante. D'ailleurs, s'il y a des pertes (et toujours il y en aura) elles seront peu considérables ; elles seront dans tous les cas bien inférieures aux bénéfices, et jamais n'agiront sur la caisse nationale, que comme les sinistres sur les compagnies d'assurances, réparties qu'elles seront sur des opérations qui embrasseront la commandite de toute la France et de ses colonies.

Nous voulons fonder la solidarité de tous dans la, liberté, et ce serait en méconnaître les effets, que d'admettre, même dans les hypothèses les moins favorables, que les pertes puissent porter atteinte aux résultats généraux du système.

Le crédit ainsi compris, donnera au travail national, une sécurité et une facilité merveilleuses. La mise en valeur des terres incultes, le reboisement des montagnes, les travaux d'irrigation, la grande et la petite culture, la grande et la petite industrie, tout ce qui est négligé aujourd'hui deviendra possible, quand le travail solidarisé ne relévera plus que de son génie.

Il nous reste à dire un mot de l'organisation intérieure des Banques.

La Banque centrale instituée à Paris, serait, comme nous l'avons dit, administrée par un Conseil général choisi, chaque année, par l'assemblée législative, et dont la présidence appartiendrait de droit au commissaire, au délégué du pouvoir exécutif, chargé de la gestion des Finances de la République.

Les banques communales auraient un conseil choisi par l'universalité des citoyens du ressort : le directeur en serait nommé par l'administration départementale, parmi les membres de ce conseil.

Des mesures faciles à indiquer assureraient l'exactitude de la comptabilité ; des inspecteurs, — un par département, — seraient chargés de surveiller l'action de chaque établissement.

Enfin, une commission permanente, prise dans l'assemblée nationale, contrôlerait l'administration de la Banque, et présenterait chaque mois un rapport à l'Assemblée.

Ainsi, à tous les degrés, l'élection, la responsabilité et la révocabilité.

A ces conditions, quand, d'une part, la Banque centrale agira sous la direction de l'Assemblée, que le personnel des banques communales recevra l'investiture des citoyens ; quand, de l'autre, le Peuple fixera souverainement le taux de l'intérêt, qui pourra dire que les droits sacrés du travail seront méconnus, que les portes du progrès, ne seront pas toujours ouvertes à deux battants ?

Ne sera-ce pas la solidarité dans toute sa vérité, la solidarité avec la liberté.

L'individualisme respecté dans ce qu'il a de sacré, mais contraint à ne pas devenir tyrannique, trouvant son avantage dans l'avantage commun, tel sera le résultat de ce système, qu'on pourrait, en quelques semaines, organiser sur toute la surface de la France.

Le Peuple souffre, les riches eux-mêmes se plaignent et s'inquiètent. Tous les éléments sont là, prêts à recevoir l'impulsion.

Il n'y a qu'à vouloir, la République voudra !......

L'Éducation

S'il est une institution qui réclame la sollicitude de la République; c'est assurément l'enseignement public.

L'enseignement tel qu'il existe aujourd'hui est insuffisant et dangereux. Depuis l'Institut jusqu'à l'école primaire, partout on retrouve la haine de l'égalité, la routine, l'ignorance du but que poursuit l'humanité.

Détourné de sa mission initiatrice, l'enseignement semble n'avoir d'autre tâche que de fausser l'esprit des générations, de perpétuer le despotisme par l'esclavage des intelligences ; l'instruction est souvent inutile ou nuisible, l'éducation nulle.

Sans négliger la culture de l'esprit, l'enseignement démocratique doit comprendre le perfectionnement de l'être physique et de l'être moral.

Former des hommes et des citoyens, par l'heureuse combinaison de l'instruction et de l'éducation ; assurer à chacun le moyen de développer intégralement ses facultés, dans la mesure de ses aptitudes, tel sera notre programme.

Quant aux moyens, ils seront conformes aux lois de l'égalité, lorsque l'enseignement sera gratuit, commun et obligatoire.

Si, en effet, le premier devoir de la société est de se conserver : si elle peut et doit se protéger contre toute atteinte, par un code pénal, c'est à la condition qu'elle fasse connaître aux générations qui s'élèvent, le bien et le mal. Supprimez l'enseignement gratuit et obligatoire, les arrêts de la justice auront-ils quelque moralité ?

N'est-ce pas l'abus de la force collective, opposé aux abus de la force individuelle ?

De quel droit, la société viendra-t-elle punir celui dont l'enfance aura été abandonnée à l'ignorance ou aux inspirations mauvaises ?

Des jurés nourris des saines doctrines de la démocratie oseraient-ils condamner l'homme qui leur dirait : « Je puis avoir failli, mais, qu'à-t-on fait « pour me prémunir contre les conseils du mal ? Enfant, j'ai vécu sur les « grands chemins et les pavés de vos rues, entre l'aumône et la faim : homme « fait, je n'ai pu passer par les portes de l'atelier, parce qu'une coupable « incurie m'avait laissé ignorer les lois du travail. Aujourd'hui, vous voulez « me condamner au nom de cette société qui n'a rien fait pour moi ; la « société est ma mère, dites-vous ; mais une mère ne frappe pas son enfant, « sans l'avoir nourri de son amour, sans avoir guidé ses premiers pas. »

Eh bien ! Il ne faut pas que, sous la République. la justice soit exposée à ces foudroyantes récriminations ; il faut que la responsabilité des citoyens soit entière, que les fautes ne puissent jamais avoir pour excuse l'ignorance ou l'abandon.

Que nul ne puisse soustraire ses enfants aux bienfaits de l'éducation commune, dans ce qu'elle a d'essentiel, d'indispensable pour tous les membres de la société ; que riches et pauvres, tous viennent recevoir le baptême d'une discipline égalitaire ; rien de mieux. Mais, il ne s'agit pas d'astreindre indistinctement tous les enfants à suivre, indépendamment de toute vocation, une série d'études qui seraient complètement inutiles pour le plus grand nombre, lors même que tous pourraient en profiter également, ce qui ne peut s'admettre, en raison de la merveilleuse diversité que la nature a répandue dans les intelligences et dans les aptitudes.

Une nation ne saurait se composer exclusivement de licenciés et de docteurs ; il faut des artisans, des laboureurs, des artistes ; et conséquemment, l'éducation nationale doit se prêter aux nécessités sociales, qui correspondent fatalement à la variété des organisations individuelles.

L'*instruction*, gratuitement offerte à tous. devient la propriété exclusive d'un petit nombre de membres de la société, à raison de la différence des professions et des talents.

L'*éducation*, doit être commune à tous et universellement bienfaisante, il n'en est pas de même de l'instruction. C'est donc de l'éducation qu'il faut s'occuper avant tout, car il y va de l'intérêt de la République.

— Pour que l'égalité ne soit pas un vain mot, il ne suffit pas de donner des cours gratuits ; la classe indigente ne saurait en profiter. Il faut que, depuis l'âge de 6 ans jusqu'à douze pour les garçons, et jusqu'à onze pour les filles, tous les enfants sans distinction ni exception, soient élevés en commun, aux dépens de la République, et que tous, sous la loi de l'égalité, reçoivent mêmes vêtements, même nourriture, même instruction, mêmes soins.

En sortant des établissements nationaux, les enfants pourront commencer soit l'éducation professionnelle, soit, enfin, se consacrer aux belles-lettres, aux sciences ou aux arts.

La société a divers emplois : une multitude de professions, d'arts industriels et de métiers appellent les citoyens.

A douze ans, le moment est venu de commencer le noviciat de chacun d'eux. Plus tôt, l'apprentissage serait prématuré ; plus tard il ne resterait pas assez de cette souplesse, de cette flexibilité qui sont les dons heureux de l'enfance.

Jusqu'à douze ans, l'éducation commune est bonne, parce qu'il s'agit de donner aux enfants les qualités physiques et morales, les habitudes et les connaissances qui, pour tous, ont une commune utilité.

Lorsque l'âge des professions est arrivé, l'éducation commune doit cesser, parce que, pour chacun, l'instruction doit être différente ; réunir dans une même école, l'apprentissage de toutes est impossible. —

. Des esprits sincèrement attachés à la Démocratie, cédant au prestige du mot, ont réclamé et obtenu, d'accord avec les monarchistes catholiques de l'assemblée, la liberté de l'enseignement. Ils ont cru que la liberté vraie était intéressée à la concurrence faite à l'enseignement de l'Etat par une université catholique, et, sans en avoir conscience, ils se sont faits complices de l'obscurantisme.

Sans toucher le moins du monde aux liens de la famille, qui sont les éléments indispensables de la moralité publique, la République ne peut méconnaître qu'elle a des devoirs sacrés à remplir envers les générations naissantes.

Qu'on veuille le remarquer, les droits du père de famille s'inclinent devant les droits des enseignés, dont la tutelle revient naturellement à la République. L'autorité paternelle ne saurait aller jusqu'à tuer ou dépraver l'intelligence d'un enfant. Devenu homme, cet enfant aura sa mission à remplir. Il faut donc le préparer aux devoirs civiques et sociaux, et ne pas l'abandonner à la passion ou à la misère de ses parents, pour s'épargner de le punir plus tard de fautes qui ne lui seraient pas véritablement imputables.

On conçoit, nous répondra-t-on, qu'il ne soit pas loisible à un père de famille de condamner ses enfants à l'ignorance, et que l'enseignement soit obligatoire, mais, sans cesser d'être libre ; on comprend même que l'État ouvre partout des établissements d'instruction gratuite ; mais, ce qu'on ne conçoit pas, c'est que les enfants soient astreints à subir l'éducation publique, l'éducation commune, quand la concurrence des établissements privés imprimerait une salutaire émulation aux établissements de l'État.

A cela, nous répondrons, que l'égalité ne sera jamais qu'un mensonge, tant que tous les enfants ne seront pas soumis à la même discipline, recevant les mêmes soins, les mêmes vêtements, la même nourriture.

Il est indispensable que tous les enfants passent sous le niveau de l'éducation collective, qu'ils se pénètrent des leçons de la morale républicaine, qu'ils prennent, dès l'âge le plus tendre, la douce habitude de la fraternité.

Si l'éducation collective cesse d'être obligatoire, le riche ne commettra pas son héritier avec les enfants des travailleurs ; il voudra lui ménager une éducation aristocratique, et l'enlever au contact de la *vile multitude*.

Fût-elle gratuite, l'ouvrier pourrait-être tenté de ne pas profiter, pour ses enfants, du bienfait de l'éducation nationale, afin d'escompter, dans un travail prématuré, leurs forces et leur intelligence.

Il y aurait donc toujours deux classes dans la société : celle des privilégiés et celle des parias.

La République ne peut admettre qu'il en soit ainsi.

— Passons maintenant aux moyens d'éxécution.

Nous proposons d'établir autant de maisons d'éducation qu'il y a de communes : chacune d'elles contiendrait de cinq à sept cents élèves, soit six-cents en moyenne ; il en serait établi plusieurs par communes, si la population l'exigeait.

Avec notre nouvelle organisation communale (voy. p. 18), on comptera environ 3,000 communes en ; raison des agglomérations de population, on peut porter à cinq mille le nombre des ces établissements, et évaluer au douzième de la population totale, soit à trois millions, le nombre des enfants des deux sexes, qui se trouveraient dans le cas de recevoir l'éducation nationale.

La France contenant, en nombre rond, 36 millions d'habitants, chaque établissement desservirait une population moyenne de 7,200 âmes, comptant six cents enfants des deux sexes.

Au moyen de dispositions architecturales faciles à réaliser, chaque établissement se diviserait, de manière à offrir un local séparé, quoique contigu, aux garçons et aux filles.

Dans beaucoup de localités, sinon dans toutes les communes l'Etat possède des bâtiments qu'il serait facile d'approprier à la destination projetée, soit directement, soit par voie d'échange. Au pis-aller, les communes ou l'Etat fourniraient le terrain nécessaire aux constructions des établissements, que, il serait opportun, au point de vue de l'hygiène, de placer dans les campagnes.

Il est impossible de songer à improviser une aussi vaste création ; un délai serait nécessaire pour rendre obligatoire et générale, l'institution en projet ; et, peu-à-peu, la République sans danger pour ses finances, pourrait au moyen de crédits répartis sur quelques exercices, subvenir aux frais de construction, d'appropriation et de premier établissement.

Les maisons d'éducation nationale s'ouvriraient successivement pour les enfants de six à sept ans.

En effet, le système ne produirait pas avant le moment où les maisons d'éducation nationale contiendraient toute la génération de six à douze ans, pour les garçons, de six à onze pour les filles.

Désormais, le hasard de la naissance, le privilége de la fortune, n'auront plus d'influence sur le sort des générations naissantes ; chacun sera véritablement le fils de ses œuvres. Les vocations se développeront en toute liberté, pendant ce noviciat de six années, et l'on ne verra plus, d'une part, l'enfant du riche condamné à subir une instruction au dessus de ses forces ; et de l'autre l'enfant du pauvre obligé d'enfouir dans des travaux manuels des dispositions éminentes pour les arts, les lettres ou les sciences.

Désormais, il n'y aura plus de forces perdues, et certes, on peut prédire, à coup sûr, que le classement spontané des aptitudes doublera, pour le moins, la puissance productive de la nation dans tous les genres.

— Un mot sur la discipline de l'éducation nationale.

Tout ce qui touche à l'éducation nationale doit être soumis à la sanction du peuple. Ainsi, les pères de famille de chaque commune seraient chargés de choisir les instituteurs. parmi les citoyens offrant des garanties de capacité et de moralité suffisantes; de contrôler la direction intérieure des écoles; de surveiller la nourriture, la discipline, l'hygiène; d'apporter en un mot, de concert avec les délégués de la puissance collective, toute la sollicitude qu'on peut en attendre?

— A douze ans, les enfants rentrant sous la direction paternelle, apporteront dans leurs familles, des habitudes et des idées qui les suivront jusqu'au bout de leur carrière. Dès ce moment, cesse pour les individus l'obligation de recevoir l'enseignement national.

Quant à la République, ses devoirs ne sont qu'ébauchés.

Des ateliers professionnels s'ouvriront alors pour les enfants, suivant leurs goûts et leur aptitude librement déclarés; à ces ateliers seront attachés des cours généraux, où ils compléteront leur instruction et acquerront, en outre, les notions spéciales à la profession qu'ils auront choisie.

Quant à ceux dont les dispositions promettraient une intelligence propre à la culture des lettres, des sciences ou des arts, ils passeront, après examen, dans les lycées divisionnaires, où ils seront entretenus pendant quatre ans aux frais de la République.

Ceux qui n'auraient pas satisfait aux examens, et dont l'échec ne serait pas dû à la paresse, pourraient exceptionnellement continuer à suivre les cours. Cette facilité, nous croyons la devoir aux intelligences qui, pour se développer un peu tardivement, n'en sont souvent que plus puissantes.

Au bout de cette période de quatre ans, de nouvelles épreuves, moins sujettes à l'erreur, cette fois, permettront de reconnaître ceux qui peuvent prochainement s'élever à de plus hautes études, et ainsi de suite, jusqu'au sommet de la science, dans toutes les branches.

De cette manière, les carrières dites libérales, loin d'être encombrées par des inutilités ne seront abordées que par des intelligences d'élite et fourniront amplement aux besoins de la société.

En résumé : Éducation gratuite, commune et obligatoire.

Cinq mille écoles communales, contenant trois millions d'enfants des deux sexes. —

L'éducation gratuite, commune et obligatoire, c'est la base de la pyramide scientifique.

L'apprentissage, dans les associations agricoles et industrielles, reçoit les enfants qui, par goût ou faute d'aptitude suffisante, ne peuvent ou ne veulent s'élever plus haut dans la hiérarchie des connaissances.

Le reste se divise : ceux qui se dévouent à l'agriculture sont reçus dans les fermes-modèles que possède chaque commune; après deux ou trois ans de travail, ils concourent pour les instituts agricoles, qui égalent en nombre nos départements.

Les meilleurs élèves des instituts agricoles passent, après examen, aux écoles régionales qui seraient au nombre de cinq, enfin, l'élite des écoles régionales viendrait terminer ses études scientifiques à l'Athenée central de Paris, qui, réunirait, dans ses différentes divisions, le plus haut enseignement en tous genres.

De même, pour l'industrie, il y aurait des ateliers départementaux, divisionnaires et régionaux, aboutissant à l'Athenée central.

Enfin, les lettres, les sciences et les arts auraient les lycées départementaux et divisionnaires, les académies régionales et l'athenée central, qui formerait le sommet et le couronnement de l'appareil scientifique national.

Nous ne proposons pas de refuser aux femmes les bienfaits de l'éducation spéciale, ni même supérieure. Elles doivent, elles aussi trouver leur émancipation dans un travail approprié à la délicatesse de leur esprit et de leur tempérament.

Ainsi, dans notre pensée, sauf certaines réserves, qui ont leur cause dans la nature ou dans les convenances, l'enseignement scientifique, à tous les degrés, doit avoir des cours spéciaux pour les femmes.

Est-il besoin de rappeler que tous les établissements d'instruction nationale, jusques et y compris l'Athenée central doivent être absolument gratuits et comporter l'entretien complet des élèves ?

Sans cette disposition essentielle la mesure serait stérile ; l'enseignement resterait le monopole des riches, et la société y perdrait les résultats du classement régulier et du développement intégral de toutes les forces vives de la nation.

Quant aux dépenses que l'éducation nationale entraînerait pour la République, nous ne dissimulons pas que le crédit en serait très élevé. Qu'il nous soit permis d'ajouter cependant que cette somme ne pésera pas beaucoup sur le budget ; que beaucoup de dépenses seront supprimées dans d'autres services ; qu'enfin l'établissement de l'impôt progressif apportera un soulagement réel à la classe nombreuse des travailleurs ; puisque la fortune prendra une large part dans une dépense qui pèse exclusivement sur eux aujourd'hui.

Quant à ce crédit, nous n'avons pas à le justifier.

Le principe de l'égalité commande ; il ne reste plus qu'à subordonner les charges publiques à cette nécessité.

***

Justice et Police

L'action du juge est de tous les instants et elle touche à tous nos actes, puisqu'elle a pour but d'assurer ce qui est permis, d'empêcher ce qui est défendu.

Il y a deux libertés : la liberté politique, la liberté civile ; l'une est le droit de concourir à fixer ce qui est permis, l'autre est la faculté de faire ce qui n'est pas défendu.

Elles sont solidaires : qui détruit l'une entame l'autre.

Les juges étant destinés à garantir la liberté, doivent dépendre uniquement de la volonté de la nation. *Les juges doivent être élus par le Peuple.*

Le garde des sceaux ne pourra repousser un juge nommé par le Peuple qu'en produisant des motifs de son refus et en les soumettant à la décision de l'Assemblée nationale. C'est aussi à l'Assemblée nationale seule qu'appartiendra la poursuite des crimes d'État.

Nul pouvoir ne doit être organisé et limité avec une prudence plus inquiète que celui du juge, puisque, ayant notre liberté sous sa protection, il l'a sous la main.

La crainte étant, de nos affections, celle qui nous corrompt le plus, si le juge n'inspire que la crainte, il peut dénaturer les caractères en donnant aux citoyens les lâches habitudes d'un peuple esclave.

Pour que la justice soit bien organisée, il ne faut pas que les tribunaux soient nombreux, parce qu'ils forment alors des compagnies puissantes où germe l'aristocratie ;

Il ne faut pas que le pouvoir de juger soit la propriété du juge, parce qu'alors son autorité cessant de dépendre de ceux qui ont à la subir, leur liberté est en péril ;

Il ne faut pas qu'un juge puisse déléguer l'exercice du pouvoir de juger, parce qu'alors celui-ci relève d'un homme, non de la loi ;

Il ne faut pas que le choix des juges émane du pouvoir exécutif, parce que les emplois de la magistrature seraient alors le prix de l'adulation ou de l'intrigue.

Il ne faut pas que la justice soit éloignée, parce que son éloignement favorisera la domination du fort sur le faible.

Il faut : que la justice soit gratuitement rendue, parce que la justice est une dette, et qu'il est absurde de se faire payer le payement d'une dette. D'ailleurs, la justice non gratuite est inaccessible au pauvre, ce qui est un crime contre l'égalité ;

Il faut encore que l'instruction des affaires soit publique, pour que les juges soient contenus par l'incorruptible puissance de l'opinion et la censure des gens de bien.

Il faut que le juge n'ait pas le privilège d'interpréter la loi, de l'étendre ;

Il faut que, protectrices de l'accusé, les formes de la procédure criminelle rassurent l'innocent ;

Il faut que, pour lui donner un courage proportionné à ses dangers, on égale la défense à l'attaque, et qu'il soit permis à l'accusé d'opposer sa vie entière au crime dont on le charge ;

Il faut que, le magistrat qui applique la loi soit distingué de celui qui décrète l'accusé, et qu'ainsi, le juge qui a décrété sur de faux soupçons ne soit pas conduit, sous l'empire de la prévention ou de l'amour propre, à justifier par une condamnation inique un décret injustement lancé ;

Il faut que, le juge ne puisse déployer la loi qu'après la décision de jurés constatant le crime ;

Il faut que, l'accusé ait le droit de récusation, et qu'ainsi, la sécurité dans le cœur, il n'ait plus devant lui, qu'une autorité qui protège, au lieu d'un pouvoir qui opprime ;

Il faut enfin, que, les juges soient responsables et temporaires, mais, que néanmoins, ils puissent être réélus.

— Nous possédons le jury au criminel ; nous avons reconnu, que rien n'est plus absurde et plus dangereux que le jugement du droit et du fait soumis aux mêmes hommes. Nous avons reconnu, qu'il fallait un magistrat pour apprécier le fait, le juré ; un autre, pour appliquer la peine, le juge. Le juré dit : voilà l'espèce ; le juge dit : voici la loi.

Pour que la liberté soit sauve, il faut donc que l'accusé soit jugé par ses pairs et le juge réduit à l'impassibilité de la loi.

On ne peut disconvenir, du reste, que l'habitude de juger des crimes, endurcit le juge, le prive des lumières du sentiment et ruine en lui, peu-à-peu les qualités morales qu'exige un ministère aussi délicat.

Pour les mêmes considérations, nous réclamons l'établissement du jury au civil.

Pourquoi refuser des jurés au plaideur, si on en donne à l'accusé ? Dans un cas, il s'agit de la liberté ou de la vie ; dans l'autre, de la fortune et de l'honneur. Quel est celui de nous, qui met moins d'importance à son honneur qu'à sa vie ?

Pourquoi, d'ailleurs, le bon sens, la raison seraient-ils affectés à ceux qui portent une certaine robe ?

Au moyen des jurés, il ne sera plus impossible au débiteur qui a payé cent francs à son créancier, sans prendre quittance, ou l'ayant égarée, de prouver qu'il a payé..... Pierre, au village, est un patriarche connu ; Laurent, un fripon avéré. Les jurés, les pairs savent cela, et en tirent des conséquences. Cette sorte de lumière ne luit pas pour les gens de loi qui connaissent mieux leurs livres que leurs voisins.

— Nous avons les tribunaux de première instance, l'appel.

Si l'on admet le principe de l'appel, il faut décider qu'il n'y aura point de tribunaux supérieurs pour en connaître, mais que les tribunaux seront juges d'appel les uns à l'égard des autres ; ce sera un éclatant hommage rendu à la dignité des magistrats, dont les décisions, au lieu d'être réformées par des supérieurs, seront ainsi révisées par des égaux.

Mais, pourquoi l'appel ? Est-il des degrés dans la manière de juger bien ou de mal juger ? Quelle confiance peut inspirer un juge, si la loi le suppose et le déclare moins éclairé que d'autres ? Et, quel discrédit, si l'on voit souvent ses sentences infirmées par un autre juge ? Voilà les questions que soulèvent l'appel.

Bien plus ; un plaideur qui a gagné son procès en premier ressort et l'a perdu en appel, peut avoir eu pour lui, la majorité des voix dans les deux tribunaux réunis. Vainement, objecte-on que les premiers juges, redoutant la censure, sont plus attentifs, que la cour d'appel, éloignée des parties, échappe aisément à la contagion des influences locales.

Nous combattons ces raisons, parce que les appels multiplient les frais, favorisent le riche et écrasent le pauvre.

— Les juges doivent-ils être à vie ou périodiquement élus ?

Autrefois, la perpétuité des juges fut utile, elle servit de barrière au despotisme ; maintenant, elle ne peut plus servir qu'à détruire la liberté. Un juge inamovible est un être bien redoutable, il a dans ses mains notre honneur et notre vie, il peut nous enlever l'un et l'autre, en blessant toutes les règles de la justice.

Quelle imprudence que de faire un juge inamovible, comme pour émousser en lui tous les stimulants de la vertu ! Révocable, il craindra de perdre la confiance du peuple et sera vertueux par ambition, s'il ne l'est par principes. En l'avertissant qu'il doit un jour descendre de son siège, on lui donnerait l'amour de l'égalité, qui est le fond même de la justice. Inamovible, au contraire, il sera toujours ignorant et paresseux, parce qu'il le sera impunément ; trop vite convaincu qu'il n'a plus rien à apprendre, il poursuivra sa carrière jusqu'à ce que, arrivé à l'âge du repos, il donne le scandaleux exemple d'un homme qui, ayant perdu la force de connaître de ses propres affaires, conserve encore le droit de juger celles des autres.

— Passons à l'institution du ministère public.

L'inamovibilité que nous avons refusée aux juges, nous la réclamons pour les procureurs de la République.

En les instituant à vie, nous assurons leur indépendance. Ils ne pourront être destitués que pour cause de forfaiture jugée et ne pourront être éligibles à toute place administrative ou municipale.

Ils seront chargés de faire observer dans les jugements les lois qui intéressent l'ordre général ; mais sous l'empire d'une salutaire défiance, nous leur enlevons le rôle d'accusateur public que nous confions à des officiers élus par le peuple.

— Reste à créer un tribunal de cassation, tribunal unique, gardien suprême de la loi et des formes qu'elle a consacrées, qui sera composé d'hommes rompus aux affaires, vieillis dans la science. Les membres en nombre égal à la moitié des départements seront élus par les citoyens de ces départements pour quatre ans, le sort ayant à désigner les départements qui éliraient les premiers.

— Enfin, pour les affaires de commerce, nous admettons l'autorité des tribunaux de commerce tels qu'ils sont institués aujourd'hui.

— Vient ensuite l'admirable institution des juges de paix, qui, considérés comme en dehors de l'ordre judiciaire proprement dit, sont placés au seuil du temple de la justice, pour en éloigner les plaideurs. Par l'établissement de ces paternels magistrats, on a délivré les campagnes d'un véritable fléau ; ils substituent les douceurs de l'équité naturelle à la stricte rigueur des lois écrites et font respecter la justice en la faisant aimer.

Telle doit être l'organisation judiciaire.

— Reste une question délicate, celle de la Police.

C'est à notre police, si inconsidérément célébrée, à ses précautions minutieuses pour entretenir la paix au milieu de nous, à son organisation tyrannique, à son activité toujours défiante et ne se développant jamais que pour semer la crainte ou le soupçon dans les cœurs, au secret odieux de ses pu-

nitions et de ses vengeances, que nous avons dû si longtemps l'anéantis-
sement du caractère national, l'oubli de toutes les vertus de nos pères, notre
patience honteuse dans la servitude, l'esprit d'intrigue substitué à l'esprit
public, et cette licence obscène qu'on trouve partout où ne règue pas la
liberté.

Pour les commissaires de police nous demandons que la loi les fasse dépendre de la nomination du Peuple, qu'ils soient élus pour quatre ans et
rééligibles; nous pensons qu'un homme n'osera guère abuser d'un pouvoir
qui, dans la suite, exercé par autrui, tournerait peut-être contre lui-même.

Les commissaires de police doivent être choisis par le Peuple, plutôt encore que les autres juges, parce que leur pouvoir étant plus arbitraire de sa
nature, c'est à l'homme que l'on se confie plutôt qu'à la loi.

Avons-nous dans cette étude concilié l'humanité et la justice? Nous le
croyons.

La Peine de Mort!

Un criminel a été condamné à la peine de mort. Le jour et l'heure de
l'exécution ne sont pas connus, et la population pour ne pas manquer ce lugubre spectacle accourt chaque matin sur la place sinistre. Déçue, elle revient le lendemain plus ardente, jusqu'à ce qu'elle ait assouvi sa curiosité.
Et, cependant, quel spectacle horrible! La société usant de toute sa puissance, est là, qui va accabler un homme, un seul homme. Ce faible ennemi,
la société l'a devant elle, enchaîné, pâle et tremblant, réduit désormais à
l'impossibilité de nuire, n'importe! elle fait comme si elle avait peur de lui,
et, personnifiée dans un égorgeur de profession, estimé par elle-même le
rebut des humains, elle saisit le criminel, le traîne après elle sur un
échafaud, lui parle du Dieu de miséricorde, et lui coupe la tête. Autour de
l'échafaud, immense est la foule: qu'est-elle venue faire là? S'instruire par
l'exemple? Non, elle est venue jouir d'un spectacle gratis. On rit, on plai-
sante, on boit, on mange, on s'entretient de la bonne ou mauvaise contenance
du criminel, on admire l'adresse du bourreau. Les fenêtres qui donnent sur
la place sont garnies de femmes élégantes, elles savourent une émotion dont
elles assurent que, depuis quelque temps, leurs nerfs avaient besoin. L'en-
tassement de la multitude rendant les larcins plus faciles, les voleurs ac-
courus en toute hâte, profitent de l'occasion. L'affaire finie, on ramasse cette
tête sanglante, on enlève ce cadavre; le peuple s'en va d'un côté, le bourreau s'en va de l'autre, et en se quittant ils pourraient se dire: au revoir!
car le mépris de la vie humaine, publiquement professé, ne saurait manquer
de rendre les mœurs féroces. — Punir ainsi le meurtre, c'est l'enseigner?

Mais, nous dira-t-on: vous avez effacé l'infamie qui faisait partie du châ-
timent; le criminel, s'il est père, ne léguera plus l'opprobre à ses enfants.
Or, si vous supprimez à la fois la mort et la honte, quel frein vous restera-t-il?

— Eh quoi ! vous regarderiez comme un monstre un homme fait qui, pouvant désarmer un enfant, l'égorgerait ! Et vous ne comprenez pas que devant vous, devant la Société, le criminel est plus faible qu'un enfant devant un homme fait ! Qu'est-ce donc que ces scènes de mort, ordonnées avec tant d'appareil, sinon des assassinats officiels, sinon des meurtres commis froidement, lentement, sous l'invocation de certaines formes sacramentelles, et par des nations entières ? Qu'aux yeux d'un Tibère, ce fut un crime digne de mort que d'avoir loué Brutus ; qu'un Caligula eût soif de sang de quiconque osait se déshabiller devant son image, on le conçoit : tuer est un procédé digne des tyrans ; mais quelle injure à la liberté que de mettre à ce prix sa conservation ou son salut ?

La peine de mort est nécessaire, dit-on. Nécessaire ?

Et pourquoi donc alors y a-t-il des peuples qui peuvent s'en passer ? Et pourquoi ces peuples sont-ils précisément les plus libres, les plus heureux ? Et pourquoi les crimes ont-ils toujours été plus rares là ou le Peuple n'est pas habitué à voir tomber des têtes et à humer l'odeur énivrante du sang ?

Ignore-t-on combien les mœurs étaient douces dans les républiques de la Grèce, et combien elles l'étaient devenues à Rome, après que la *loi Porcia* eût anéanti les peines violentes décrétées par les rois et les décemvirs ? Veut-on trouver des supplices abominables ? qu'on aille au Japon..... mais là, aussi, comme conséquence de la barbarie des lois, on trouverait des forfaits à faire frémir et une férocité absolument indomptable. L'idée du meurtre inspire bien moins d'effroi, lorsque la loi elle-même en donne l'exemple et le spectacle, et l'horreur du crime diminue dès qu'elle le punit par un autre crime.

Les juges, d'ailleurs, sont-ils au dessus de l'erreur ?

S'ils ne peuvent se donner pour *infaillibles*, de quel droit prononcent-ils une peine *irréparable* ? Tuer un homme ! Mais y songez-vous ? C'est tuer son retour possible à la vertu, c'est tuer l'expiation, chose infâme, c'est tuer le repentir.

Il nous sera facile de démontrer que la peine de mort est loin d'avoir l'efficacité répressive qu'on lui attribue : qu'est-ce que la mort ? La condition de l'existence.

En immolant un coupable que faites-vous ? Vous hâtez pour lui l'heure d'un événement certain, vous assignez une époque au hasard de son dernier instant, voilà tout. Or, n'est-il pas déjà surprenant qu'une règle immuable de la nature soit devenue entre les mains des hommes une loi pénale ! Comment ose-t-on leur apprendre qu'un peu de douleur est la seule différence matérielle entre une maladie et un crime ? Les scélérats ne sont malheureusement que trop frappés de cette analogie ; ils la consacrent dans leurs maximes ; on la retrouve dans leurs propos habituels ; ils disent tous que *la mort n'est qu'un mauvais quart d'heure ;* ils se comparent au couvreur, au soldat, au matelot, à ces hommes dont la profession honorable et utile offre à la mort plus de prise et des chances plus multipliées ; leur esprit s'habitue à ces calculs, leur âme se fait à ces idées, et, dès lors, les supplices perdent tout effet sur leur imagination....

Comment ! vous n'avez que la mort à offrir au crime et à la vertu, vous la montrez également au héros et à l'assassin ! — Oui, répondez-vous, mais ici l'opprobre, là une gloire immortelle. —

Ce n'est donc pas sur l'efficacité *matérielle* de la peine de mort que vous comptez ? Et, en effet, pour le criminel, que l'infamie ne touche point, la mort n'est qu'un *mauvais quart d'heure*.

Maintenant, à ceux qui invoquent l'aveugle et brutale loi du talion, nous demanderons s'ils sont prêts à punir par le talion le faux, le vol, l'effraction, l'incendie ?

Ce n'est pas pour sauver un assassin que la société doit abolir la peine capitale, c'est pour apprendre aux hommes par son exemple, à respecter la vie des hommes.

Dieu n'a pas dit : *que Caïn soit tué*, il a dit : *que Caïn soit errant*.

De la Divinité

Pour les apôtres du temps passé, tout Libre-Penseur est athé ; tandis que ce sont eux qui ne croient pas en Dieu, qui le méconnaissent.

Et d'abord, qu'y a-t-il de commun entre eux et Dieu ?

Combien le Dieu de la nature est différent de leur Dieu ! Nous ne le répétons, nous ne connaissons rien de si ressemblant à l'athéïsme, que les religions qu'ils ont faites.

Ils en ont fait comme chez les anciens, tantôt un globe de feu, tantôt un bœuf, tantôt un arbre, et tantôt un homme, tantôt un roi comme chez nous.

Depuis quel a été Dieu ? Un Dieu fait à l'image de l'homme, punissant l'erreur d'un jour par une agonie éternelle, et donnant à ses créatures la liberté..... de descendre la pente de l'enfer !

Les pontifes de la religion ont créé un Dieu à leur image, ils l'ont fait jaloux, capricieux, avide, cruel, implacable ; ils l'ont traité comme jadis les maires du Palais traitèrent les descendants de Clovis, pour régner sous son nom et se mettre à sa place......

Dès que l'on fait parler Dieu ; chacun, suivant sa religion l'a fait parler à sa manière et lui a fait dire ce qu'il a voulu.

Nous ne comprenons pas Dieu comme un *être à pari*, comme un *être personnel*, gouvernant les mondes à la manière dont un roi gouverne son empire, nous saluons Dieu dans la nature, et non pas, en dehors d'elle, et nous le définissons l'*âme de l'univers*, en vertu de l'intime et inévitable analogie qui lie les croyances métaphysiques aux convictions sociales.

Voilà notre *Dieu*,

Si l'on n'eût écouté que ce que Dieu dit au cœur de l'homme, il n'y aurait jamais eu qu'une religion sur la terre, celle *de la nature*.

Car, *Dieu et la nature ne font qu'un* ; oui, *Dieu, la nature et l'homme ne font qu'un*.

Dieu est le principe de vie qui anime le Tout, il s'est fondu dans ce Tout, pour le sortir du néant, pour qu'il soit.

Si *Dieu* ou *le principe de vie* venait à s'arrêter, à manquer, ce serait immédiatement la fin du monde ; et alors, alors seulement, il y aurait mort.

La nature tout entière cesserait de vivre pour devenir bientôt de nouveau le néant, le chaos.

Mais, jusque là, la Loi immuable de la nature, peut se résumer dans ce principe.

Tout ce qui est, sera : il n'y a pas mort dans la nature, il y a transformation.

Écoutons Pascal : « Tout se transforme et rien n'est détruit, la mort « n'existe pas.

« Les générations successives sont des modes variés d'une même vie universelle, qui, en s'améliorant, se continue. L'humanité est un homme qui « vit toujours et qui apprend sans cesse. »

C'est dans une convulsion que la vie s'est faite dans la nature, il y a eu précipitation ; et elle se continue, comme nous le voyons, dans des fractions de seconde.

Depuis, tout se tient, et le plus petit atôme est nécessaire à l'harmonie de ce grand *Tout.*

Voilà ce que nous pensons de *Dieu*, et nous croyons en ce *Dieu*, qui est cette cause première, invisible et inconnue, dont nous apercevons partout les effets ; nous croyons en cette puissance infinie qui ne fait qu'un avec la nature, avec nous.

Mais, nous ne croyons pas en ce Dieu, dont on cherche à faire un instrument d'oppression, d'abrutissement et de vengeance ; en *ce Dieu qui fait mourir Dieu pour plaire à Dieu.*

Arrière donc, hommes et choses de la nuit.

Et nous libres-penseurs, en avant, pour l'affranchissement des travailleurs, pour la félicité des femmes et des enfants, pour le bonheur de l'humanité, pour le salut de tous sans exception.

La Religion et les Prêtres

Dès les temps les plus reculés tous les peuples ont admis l'existence d'un Être supérieur.

Dans ces époques de barbarie, où la conduite de l'homme, n'avait pour but que la satisfaction de ses grossiers appétits, il fallait chercher à le retenir, à mettre un frein à ses passions, en lui imposant la crainte de châtiments terribles, éternels.

Au lieu de conduire l'homme au bien par l'amour du bien, on le détournait du mal par la crainte.

De là, les religions qui, dès l'abord, furent fondées sur l'idolâtrie et ne reposaient sur aucune morale.

Mais, qu'entend-on par *morale* ?

Le mot *morale* vient du latin *mos, moris*, qui signifient *usage, mœurs*. La morale est donc l'ensemble des usages, des mœurs concernant la conduite ou les actions des individus.

Chaque peuple a sa morale particulière, ses usages particuliers. La morale des chrétiens, n'est pas celle des païens. ni des juifs. Ce qui est moral chez une nation, peut être immoral chez une autre ; la polygamie par exemple, est chose morale et légale chez beaucoup de peuples de l'Orient, tandis qu'elle est immorale et illégale dans nos contrées.

Dans le même pays, la morale change et se perfectionne ou se détériore comme les lois.

De toutes les morales, la meilleure est celle qui est la plus conforme à la nature, à l'intérêt de l'individu, et à l'intérêt de la société.

La morale se résume en ce mot : *Fraternité*.

« *Faites aux autres ce que vous voudriez qu'ils vous fissent.* »

Par cette morale, nous soulageons les femmes, les enfants, les vieillards, les pauvres, les opprimés et nous sommes forcés de rechercher ce qui est *utile* :

L'*association*, l'*union*, l'*harmonie*, la *liberté*, l'*égalité*.

Lorsque les peuples se furent policés, que les mœurs se furent adoucies, des philosophes, Platon, Aristote, Socrate et d'autres, émancipèrent la raison et proclamèrent la morale.

Enfin, sous la domination romaine, parût en Judée, un homme qui parlait au nom d'un *Dieu unique*, qui prêchait la *Fraternité* et l'*Egalité*.

Sa morale était belle, elle fut écoutée.

Il disait : « Dans le malheureux qui manque de pain, de vêtement ou de gîte, c'est Dieu qui souffre. » — Oui, Dieu, car l'humanité est contenue en son sein, et dans tout homme qu'on frappe, c'est l'humanité qui gémit.

Le dogme de la solidarité pouvait-il être proclamé avec plus de force, plus de magnificence, plus de grandeur !

De là, le christianisme qui s'étendit bientôt dans tout l'Occident.

Aujourd'hui, encore, après XVIII siècles nous admirons les principes du Christ, nous les professons, tant ces principes sont beaux, tant ils sont éternels.

Mais, peu à peu on a employé cette morale si belle à l'édification d'une religion qui en a complètement dénaturé la pureté.

On a fait affirmer au christianisme, et après lui, au protestantime, que le péché originel a fondamentalement corrompu la nature humaine ; que l'abus du libre arbitre dans notre premier père, a, dans l'innombrable foule de ses descendants, dépravé et détruit le libre arbitre à jamais ; que nul ne peut par ses propres mérites arriver au salut ; que ceux-là seuls, échappent à la prise de Satan, qui ont été rachetés par le sang du Christ, qui ont reçu la *grâce*, don sans égal, faveur spéciale accordée aux uns d'avance, et d'avance refusée aux autres, en vertu d'un arrêt arbitraire et insondable de la puissance divine ?

Que résulte-t-il de cette lugubre doctrine qui, ne voyant sur la terre que des élus et des réprouvés, prédestina ces derniers à l'horreur d'une damnation éternelle, et faisait flotter le monde au-dessus de l'enfer ?

Ce qui en résulte? D'abord, un prodigieux abaissement de toutes les majestés de convention, nobles et princes. Si vous n'avez pas la *grâce*, vous n'êtes plus que l'homme déchu, la proie prédestinée du démon et moi qui ai la *grâce*, moi le mendiant couvert de haillons, j'ai le droit de vous dire : vous, devant qui l'on s'incline, tombez à mes pieds !

Mais, ce même fatalisme qui écrase sous le niveau de l'universelle infortune toutes les distinctions sociales et qui creuse entre les élus et les réprouvés un épouvantable abîme, il conduit à prendre son parti de l'état d'infériorité matérielle et morale où végète le plus grand nombre. Si la damnation, l'éternelle damnation a un caractère fatal, y a-t-il quelque raison pour qu'il n'en soit point de même de l'ignorance et de la misère ? Ou plutôt cet excès de fatigue auquel le gémissant troupeau des hommes est condamné, cette ombre épaisse dont l'intelligence du pauvre reste couverte depuis le berceau jusqu'à la tombe, l'ignorance et son avilissant empire, la faim et ses tourments, ne sont-ils pas une justification tragique de la théorie du péché originel ?

Ainsi, négation de la légitimité des grandeurs terrestres et consécration de la condition misérable du peuple ; voilà les deux conséquences singulières, et en apparence contradictoires, qui, politiquement découlent du christianisme.

C'est avec cette religion que, des hommes qu'elle fait vivre, ont oppressé les peuples ; c'est avec cette religion qu'ils voudraient les maintenir aujourd'hui encore dans l'ignorance.

Et cependant, nous nous prêtons à leurs mensonges et à leurs pratiques superstitieuses !

Pourquoi ? — Parce que, dit-on, une religion est nécessaire pour régler les mœurs du peuple, que, sans religion, il n'y pas de société possible.

Si cela a pu être vrai, si nous avons été si longtemps arriérés, c'est parce qu'on a tout fait pour enrayer la marche du progrès, pour empêcher l'instruction de se propager.

Ces hommes qui regardent toujours le passé savaient que du jour où le peuple serait instruit, ils ne pourraient plus se prévaloir de cette raison et que de ce jour là leur rôle finirait.

— Serviteurs de toutes les religions, dites-nous donc, par quels titres vous avez prouvé votre mission ?

Avec le sceptre, l'encensoir a conspiré pour déshonorer le ciel et usurper la terre..... Osez le nier ?

— Aujourd'hui que l'instruction se répand, la morale guide les hommes et la Libre-Pensée va bientôt compléter l'affranchissement de l'humanité, briser ses dernières chaînes.

Pour cela, rejettons tous les frauduleux commentaires qui ont fait de l'Evangile un tissu de contradictions misérables et transformé en une doctrine à l'usage des tyrans sacrés, des tyrans profanes, le code du genre humain régénéré. Le sang et les larmes versés pendant dix-huit siècles, le long étouffement de la pensée, l'esclavage antique maintenu sous des formes nouvelles, des millions de chrétiens se traînant, pauvres et avilis, autour de ce gibet du crucifié, nous le répétons, n'est venu que de la criminelle altération d'un livre.

Pour en lire le texte, au milieu de la nuit répandue sur le monde, prenons la lampe que Dieu nous a donné, la *raison* !

La séparation de l'Église et de l'État, telle est notre conclusion. Mais que l'on se rassure, nous ne voulons nullement forcer les citoyens dans leurs croyances ; nous ne voulons point de persécution, le fanatisme en est avide, la philosophie l'abhorre, la vraie religion la réprouve. Il ne faut pas que la persécution réchauffe l'Église, la ranime, parce que les ministres de l'implacable Dieu de Torquemada inspireraient un intérêt funeste aux âmes qui professent à tout risque le culte des victimes ; ils auraient pour eux la compassion des natures débiles auxquelles il faut un enfer à craindre, des erreurs à chérir et des fantômes à invoquer.

Elle ignorerait, — cette pitié imprudente, — de quelle domination inflexible, elle préparerait le retour !

Car, tel est l'esprit du catholicisme, qu'il a besoin d'être tyrannisé ou d'être tyran. Lié à l'oppression par nous ne savons quel pacte terrible, s'il la subit aujourd'hui, prenez garde ! c'est pour l'exercer demain !

— L'église prétend que Jésus-Christ a transmis à ses apôtres, et que ceux-ci ont transmis aux évêques leurs successeurs, le pouvoir d'enseigner ses dogmes ; qu'il ne l'a confié ni aux magistrats, ni aux administrateurs civils.

Nous répondrons que nous ne voulons pas toucher aux dogmes, que nous voulons seulement en finir, avec des abus qui avilissent l'humanité.

Car, que nous importe, au fond, qu'on introduise la décence dans le temple ! Le temple ? Diderot nous a appris que le mieux serait de s'en passer, et nous croyons l'entendre encore, s'écriant : élargissez Dieu !

Puisque nous sommes encore obligés de subir une religion, écoutons ce qu'à dit Rousseau : « Il y a une profession de foi purement civile dont il « appartient au Souverain de fixer les articles, non pas précisément comme « dogmes de religion, mais comme sentiments de sociabilité, sans lesquels il « est impossible d'être bon citoyen.

« Les dogmes de la *religion civile*, doivent être simples, en petit nombre, « énoncés avec précision, sans explication, ni commentaires. L'existence de « la Divinité, puissante, intelligente, bienfaisante, la sainteté du contrat « social et des lois, voilà les dogmes positifs. »

Elle ne doit avoir rien de mystique, rien de nébuleux.

Séparons de la religion tout ce qui tient à l'ordre civil, réduisons les ministres des cultes à des fonctions purement religieuses, qu'ils ne soient plus chargés de l'enseignement et des hôpitaux et qu'ils ne soient plus dépositaires des secours que la nation destine à l'humanité souffrante.

Détruisons ces corporations religieuses de prêtres séculiers, absolument inutiles, et cette nuée de sœurs grises qui s'occupent moins de soulager les malades que de répandre le poison du fanatisme ;

La France est couverte de couvents, de monastère.

En 1866, le nombre des ordres recensés était en France de 419, dont 58 pour le sexe masculin comptant 17,776 religieux et 361 pour le sexe féminin comptant 90,343 religieuses, soit en tout, un effectif de 108,119 personnes. Avec l'appui déplorable donné par l'administration à ces établissements qui ne constituent qu'un péril social, on peut évaluer l'effectif actuel à 140,000 personnes.

La fortune de ces établissements, tant mobilière qu'immobilière, a été évaluée par le sénateur Bonjean, qui avait obtenu du ministère des finances, à cet égard, des renseignements tout particuliers, à 500 millions de francs ; on ne saurait aujourd'hui l'évaluer à moins d'un milliard.

Les 419 ordres recensés possèdent 14,030 établissements, répartis sur toute la surface du territoire ; ils marchent à la conquête de notre population par deux voies : l'une est l'enseignement, l'autre est l'absorption du travail féminin dans les principaux centres.

Voici, comment se divisait, il y a douze ans, suivant le but auquel il était destiné, le personnel des corporations religieuses.

Sur 108,119 individus, 71,728 se consacraient à l'enseignement, 24,250 à ce qu'on appelle œuvres charitables, et 12,141 à la vie contemplative !

Les philosophes du XVIII° siècle ont constamment décrié des institutions qui appartiennent à d'autres temps et à d'autres mœurs.

Toute l'Europe éclairée peut rire de ces ordres religieux, de leurs croyances absurdes et de la niaiserie de leurs querelles.

Que penser des Franciscains vivant, depuis des siècles, sur l'histoire d'un loup enragé, que François d'Assise guérit miraculeusement et auquel il fit promettre de ne plus manger de moutons ? Et, sur celle d'un Cordelier, devenu évêque, qui, déposé par le Pape et étant mort, après sa déposition, sortit de sa bière pour aller porter une lettre de reproche au Saint-Père ? — Il est vrai, qu'à cette époque, celui-ci n'était pas encore infaillible ! — Les Dominicains ne se sont formés que pour disputer avec les Franciscains sur la question de savoir si la vierge était née livrée au démon ou exempte du péché originel.

A la vérité ces religieux se sont rendus odieusement utiles en faisant partout l'office d'inquisiteurs et c'est de leur ordre que sortit ce Torquemada qui, en quatorze ans, fit brûler à petit feu près de six mille hommes avec l'appareil et la pompe des plus augustes fêtes !.....

Quant aux Carmes, il leur suffit qu'on croie que le prophète Élie est leur fondateur ; et pour ce qui est des Jésuites, l'effroi de la terre, il est difficile de les calomnier.

Et ces innombrables couvents de femmes qui se perpétuent sans utilité pour la race humaine : les filles sont nées pour la propagation et non pour réciter du latin qu'elles ne comprennent pas. Que de tyramnies, de douleurs, de voluptueux périls et de misères morales dans ces cloîtres !

Que d'iniquités se couvrent de votre ombre, lourdes murailles qui séparez du monde tant de pauvres jeunes filles, pour avoir un instant ignoré leur cœur ?

Que de cris déchirants vos voûtes étouffent, noires demeures dont la justice ose à peine franchir le seuil !.....

— Les prêtres sont dans l'ordre social, des *magistrats*.

De cette notion bien simple dérivent trois principes.

Premier principe : Toutes les fonctions publiques sont d'*institution sociale*; elles ont pour but l'ordre et le bonheur de la société.

Devant cette maxime disparaissent les établissements sans objet, les congrégations des deux sexes.

Second principe : Les *officiers ecclésiastiques* devant avoir pour but, le bien du peuple, le peuple doit les nommer.

Dans la désignation du pasteur, nous voulons que le fidèle soit pour quelque chose; souvenons-nous que Milan, dût autrefois à l'élection populaire son grand Charles Borromée !

Troisième principe : ETANT ADMIS, que les *officiers ecclésiastiques* sont établis pour le bien de la société, il s'ensuit que leur traitement doit être mesuré à l'utilité générale; il faut que le fonctionnaire vive de sa fonction.

Mais comme tous les citoyens ne sont pas en relation avec eux, comme tous ne se servent pas de leur ministère, il est juste que ceux là seuls qui reconnaissent leur utilité, en fassent les frais.

Donc, tout en nous déclarant pour la morale contre toute religion, puisque des citoyens croient encore à son utilité et en vertu de ce principe que : la liberté consiste non dans le *droit*, mais dans le *pouvoir* accordé à l'homme, d'exercer, de développer ses facultés, de croire, sous l'empire de la justice et la sauvegarde de la loi ; nous estimons donc, que les articles suivants n'entravent aucunement la liberté, mais assurent au contraire l'égalité par la justice.

ARTICLE PREMIER. — Le budget des cultes est supprimé.

ART. 2. — Les prêtres, et en général tous les ministres d'un culte quelconque, ne peuvent porter ni costume, ni insigne susceptibles de les distinguer des autres citoyens.

ART. 3. — Sont supprimées, comme étant une violation des droits de l'homme, les congrégations de l'un et de l'autre sexe.

ART. 4. — Aucune cérémonie religieuse ne peut se faire à l'extérieur des églises, temples ou cimetières.

ART. 5. — Les cathédrales, églises, chapelles et autres monuments consacrés aux cultes qui sont considérés comme monuments historiques ou œuvres d'art, restent quant à leur entretien à la charge de la République.

La Liberté Illimitée et le Communisme

Dans ces essais sur l'organisation démocratique de la République, nous avons donné les éléments complets d'une appréciation approfondie; on peut comparer la théorie à la pratique, rapprocher les déductions des prémisses, juger, en un mot, si, dans notre travail, le droit et le fait s'harmonisent suffisamment, si la mise en œuvre offre les facilités et les garanties que nous avons annoncées.

Pour nous, la vérité est dans l'association intime, permanente des trois termes de la devise républicaine : *Liberté, Egalité, Fraternité.*

Quiconque veut en retrancher un seul ou le subalterniser ; quiconque veut en faire prédominer un, à l'exclusion des autres, celui-là n'est pas dans la voie démocratique.

Le progrès ne peut s'accomplir qu'autant, que les hommes, égaux et libres, demandent à la fraternité, la conciliation de leurs droits, et l'échange de leurs devoirs.

— C'est pourquoi nous estimons être dans le vrai, lorsque nous nous sommes éloignés dans nos essais, de ces deux écoles' : l'une qui prend pour point de départ et pour but la liberté illimitée, en tout et pour tout, et qui, prétend trouver dans la satisfaction absolue de l'individualisme, le secret de la destinée sociale ; l'autre, exclusivement préoccupée d'égalité, fait bon marché de la liberté, sauf à cacher la contrainte qu'elle veut exercer sous les dehors fleuris d'une fraternité obligatoire.

Nous, au contraire, nous le répéterons, nous nous sommes appuyés sur l'association, sur la solidarité, en un mot, sur la Liberté, l'Égalité et la Fraternité.

Pour bien étudier l'erreur de ces deux écoles, suivons-les sur le terrain de l'application, mettons en œuvre leurs principes.

On sait à quel prix l'idée communiste veut se charger de faire le bonheur de la société. L'individu s'efface complètement devant le monopole de l'État, poussé aux dernières limites du possible ; l'homme n'est plus qu'un rouage engrené dans une immense machine, plus de liberté, plus de spontanéité, partant plus de responsabilité : la vie n'existe plus.

Le Peuple a jugé cette doctrine avec son merveilleux bon sens, et la France ne deviendra ni un couvent ni une caserne.

Au pôle opposé se rencontrent les partisans de la liberté illimitée, quand même ; forts du prestige qui environne ce mot sonore.

Lorsque la liberté illimitée a levé son drapeau, les instincts mal définis des classes ouvrières les jetaient dans les bras du communisme ; quand elles ne croyaient marcher qu'à l'association.

Pour réhabiliter la liberté, et restituer à l'homme son indépendance et sa dignité, il fallait opposer au communisme un principe également simple, et pouvant se résumer en un mot : *l'anarchie* fut trouvée.

« Si tu es malheureux, a-t-elle dit, à l'ouvrier, c'est que tu n'es pas libre,
« c'est que tu es l'esclave des gouvernements, et, garde-toi de relever une
« ombre de pouvoir, car tu retomberais dans l'esclavage. »

Ces paroles trouvèrent de l'écho ; le communisme disparut devant cette brutale invasion de l'individualisme ; mais, une fois le terrain déblayé, on s'aperçut que l'anarchie s'était suicidée, en frappant son adversaire.

Ne conduisait-elle pas fatalement elle-même au communisme par la gratuité du prêt ou l'échange, ainsi que par l'agrariat, sous peine de tomber dans des absurdités impossibles ?

Le Peuple ne pouvait se laisser prendre à cette trompeuse doctrine, il comprit que la gratuité du prêt, par la réglémentation de l'échange, était nécessairement subordonnée à la détermination de la valeur, c'est-à-dire à l'établissement d'un maximum, ce qui est une des formes du communisme ; que d'autre part, l'agrariat en donnant des priviléges à une catégorie de travailleurs, mettrait les autres sous sa dépendance absolue, et qu'à peine d'iniquité radicale, il faudrait assurer des garanties et des compensations à tous ceux qui n'auraient pas leur part dans l'exploitation et la propriété du sol, autrement dit, retomber en plein communisme.

La doctrine de la liberté illimitée, perdit bientôt sa bruyante influence, lorsque, comme il fallait s'y attendre, elle eût dépassé les limites de la raison.

Qu'est-ce en effet, que la liberté illimitée, prise dans son véritable sens, dans le sens absolu, sinon la négation de tout devoir, la destruction de toute garantie sociale, la consécration de la force brutale ou de la ruse, le despotisme de quelques-uns, l'asservissement du plus grand nombre.

Voyons la liberté illimitée aux prises avec l'application.

Nous sommes au lendemain d'une révolution. Par la destruction du pouvoir oppresseur, le Peuple est libre. — Pour faire prévaloir les doctrines de la liberté illimitée, il faudra que pour rester libre, le Peuple ne relève pas le pouvoir, qu'enfin l'autorité meure. Docile à ces maximes, le Peuple rentre chez lui pour s'enivrer de liberté, en attendant qu'il en sente les déplorables effets ; les factions vaincues peuvent faire un retour offensif, et rétablir la monarchie ; mais c'est là le moindre des inconvénients.

Supposons que rien ne vienne troubler le repos ou plutôt l'isolement des vainqueurs, c'est alors que les dangers et les impossibilités se manifestent dans toute leur puissance.

Tous les liens qui relient les différentes parties du territoire sont rompus, chaque fraction du peuple, nous pourrions dire chaque individu, agit en souverain. Que devient la nationalité française au milieu de ce cahos. Péniblement conquise, l'œuvre de quatorze siècles va s'évanouir en un instant. La patrie commune n'existe plus, et, à sa place, nous voyons reparaître les prétentions rivales des provinces, des communes et des individus. Et, qu'on le remarque, ceux qui, au nom de la liberté, veulent renverser l'étroite solidarité qui unit tous les points de la République, seront sans droits pour organiser leurs communes souveraines, faiblement rattachées ensemble par une représentation fédérale réduite à l'impuissance. A quel titre, en effet, viendra-t-on imposer à telle fraction de citoyens l'obligation de courber leur volonté sous le vœu de telle autre, parce qu'elle est plus nombreuse ?

Chaque minorité déclarera son indépendance, pour se fractionner indéfiniment, jusqu'à ce qu'on arrive à la famille, à l'individu, le véritable, le seul juge qui puisse accepter l'individualisme. Nous voici en pleine sauvagerie.

Nous nous arrêtons. La France ne peut devenir l'esclave de ces doctrines, qui, bornées à l'ordre économique, la méneraient par un détour au communisme, et qui, si elles embrassaient à la fois l'ordre économique et l'ordre politique, ne seraient que le suicide de notre glorieuse nationalité.

N'y a-t-il pour échapper à ce triste et honteux dénouement, que le communisme?

Nous avons prouvé que le communisme en excluant la liberté et la responsabilité de l'individu, méconnaissait un des besoins de la nature humaine, et cela suffit pour montrer que la vérité est en dehors du communisme aussi bien que de l'anarchie.

Si sacrée que soit à nos yeux la liberté individuelle, nous estimons que la liberté de l'individu ne saurait exister que dans la liberté de tous ; pour nous, le droit implique toujours le devoir. Laisser à la liberté toute sa virtualité, fonder l'égalité, sans organiser l'esclavage, solidariser les intérêts et les intelligences, et faire de la fraternité la religion politique de la France, telle est notre politique. —

— La décentralisation administrative a beaucoup de partisans, et il faut le reconnaître, ce besoin est de ceux avec lesquels il faut compter.

Néanmoins, nous n'irons pas jusqu'à sacrifier à des exigences mal comprises le grand devoir de la solidarité nationale.

La simplification de l'organisation, l'introduction à tous les degrés, de l'élément électif, voilà quel est le remède réclamé par l'intérêt de tous et de chacun. Mais, on ne s'étonnera pas de nous voir conserver au dessus de ces modes secondaires le grand principe qui constitue l'unité et la force de la France ; ce principe fécond qui fait battre à l'unisson les cœurs de 36 millions d'hommes, soit, qu'il s'agisse de défendre la patrie contre le despotisme du dehors, soit qu'il s'agisse de créer dans les travaux de la paix la prospérité commune, et d'inaugurer le règne de la république universelle. —

— Dans tout cet ouvrage, il ne faut pas l'oublier, nous avons toujours considéré le Peuple comme étant toujours en action, appelé à voter définitivement toutes les lois capitales, n'ayant pas de Président à la tête de la République, pas de représentants, — car, sa souveraineté ne peut-être déléguée, — mais de simples commissaires, ne pouvant que préparer la Loi ou en assurer l'exécution, après la sanction du Souverain.

Donc, quand la nation tout entière, fera les lois, votera les impôts, réglera les conditions du crédit, organisera l'éducation nationale et l'assistance nationale : quand l'organisation administrative sera simplifiée en prenant pour base la commune fortement organisée, quand dans l'ordre judiciaire on aura concilié l'humanité et la justice ; quand enfin nous aurons balayé les marchands du temple, qui pourra, suspecter l'intelligence et la sagesse de la volonté collective, arbitre suprême des destinées sociales ?

Qui pourra supposer que la loi ne sauvegardera pas suffisamment les intérêts de l'individu ou de la commune ?

Qui pourra réclamer des priviléges attentatoires à la liberté, aussi bien qu'à l'égalité des autres fractions du souverain,

Nous le cherchons en vain.

Si donc, la liberté ne saurait être absolument illimitée, dans l'esprit même de ses partisans les plus intrépides, ne doit-elle pas, pour tous et pour chacun, se conformer aux règles égalitaires et fécondes de la solidarité !

C'est pourquoi nous classons parmi les utopies les plus pernicieuses la doctrine de la liberté illimitée et celle du communisme.

Hors des Principes, pas de République

L'exercice du pouvoir a cela de corrupteur que, par le désir de le conserver, on est conduit bien souvent, soit à se relâcher de la rigueur des principes, soit à les compromettre dans des alliances équivoques : faiblesse aveugle, tristes transactions, où l'on perd de sa dignité, sans aboutir toujours au succès.

La question que nous abordons est délicate, à plus d'un titre ; elle touche aux principes et à la discipline du parti, et, quelque soin que nous mettions à modérer notre langage, à en écarter les mots irritants, les rigueurs inutiles, nous risquons fort, de soulever les clameurs de ceux qui, par ambition, intérêt ou faiblesse s'efforcent, depuis trop longtemps, d'endormir le Peuple dans une trompeuse sécurité.

Mais, qu'importe ? La foi que nous avons au cœur est trop ardente, pour que nous reculions devant le cri de notre conscience. .

Après le vote à jamais déplorable (pour ne parler que de celui-là) qui en mutilant le suffrage universel, a foulé aux pieds la loi de la solidarité républicaine n'hésitons pas de le dire hautement, toutes les fractions de la gauche ont sacrifié les principes républicains, en un mot, elles ont abdiqué. Seuls, les citoyens Ledru-Rollin, Louis Blanc, Edgar Quinet et Peyrat ont maintenu notre drapeau.

Voyez maintenant, si nous avons raison de supprimer les représentants. Oui ! malheur à la nation qui se confie aveuglément à la prudence et à la fermeté de ses mandataires !

Au bout de sa confiance, vient la déception ; après son sommeil, l'esclavage !

Ce n'était pas ainsi qu'agissaient nos pères en 1792 et en 1793 ; toujours en action, leur vigilance infatigable commandait l'énergie a leurs délégués. Une pression salutaire s'opérait du Peuple à l'assemblée nationale.

Pour compter les grandes journées de la révolution, il ne suffit pas de consulter les archives de la convention ; il faut encore, et surtout, interroger l'histoire du Peuple, mais du Peuple debout.

Est-ce que Robespierre et Danton, Marat et Couthon, Lebas et Saint-Just faisaient de la tactique savante.

Est-ce qu'ils se gaspillaient dans des alliances douteuses et compromettantes ?

C'était dans l'âme du Peuple, qu'ils allaient puiser la force sous laquelle ils écrasaient les ennemis de la République. Ils ne lui recommandaient pas le calme partout, le calme à tout prix ; ils ne connaissaient pas encore ces glorieux conducteurs de la Révolution, les finesses de l'intrigue parlementaire ; ils disaient au Peuple : « Seul, tu peux te sauver ; si nous marchons en « avant, suis-nous ; si nous reculons, frappe-nous. »

Méfions-nous de ces prétendus guides, de ces chefs parlementaires.......... Quant ils parviennent à maîtriser les délibérations, il ne reste plus de la délégation nationale, qu'un fantôme. Alors, se réalise le mot de Thémistocle, lorsque, montrant son fils, encore enfant, il disait : « Voilà celui qui « gouverne la Grèce : ce marmot gouverne sa mère, sa mère me gouverne, je « gouverne les Athéniens, et les Athéniens gouvernent la Grèce. » Ainsi, une nation de 36 millions d'hommes serait gouvernée par l'Assemblée nationale, celle-ci par un petit nombre d'orateurs adroits ; et par qui, quelquefois, les orateurs seraient-ils gouvernés ? Nous n'osons le dire......

Nous n'aimons point cette science nouvelle qu'on nomme la tactique des grandes assemblées ; elle ressemble trop à l'intrigue.....

Nous n'aimons pas que des hommes habiles puissent dominer une assemblée par ces moyens.

— Oh ! les temps sont bien changés !

Cependant le sang des hommes du 10 août et du 14 juillet coule toujours dans nos veines.

Et si cela est, luttons comme eux, non plus les armes à la main mais avec notre bulletin de vote.

Sortons de cet engourdissement qui n'est pas digne de nous.

La France ne s'est pas tout entière endormie sous les moëlleuses banquettes de Versailles.

Il ne manque pas, que nous sachions, dans la grande cité et dans les départements, d'hommes au cœur droit, à l'esprit ferme.

Dans nos plaines fertiles, au versant de nos montagnes, la race généreuse qui fournit les premiers défenseurs de la République, n'est pas encore éteinte. A côté de ces infatigables travailleurs de la ville et des champs, nous pouvons compter encore les innombrables victimes de toutes les réactions ; là, également, il y a d'indomptables courages, des intelligences vierges de toute compromission.

C'est là qu'est notre France, la France républicaine, la France socialiste.

Laissons aux gagistes du suffrage universel les habiles manœuvres, les devoirs éternellement ajournés. N'ayons qu'une science : l'union dans les principes : n'apprenons qu'une tactique : le dévouement, et nous vaincrons, car la foi c'est la force.

La République sera!

Qu'est-ce qu'une Révolution ?

Une protestation contre la tyrannie, une aspiration vers la liberté.

Une révolution n'est que l'exercice de la souveraineté populaire.

Aujourd'hui les révolutions ne se feront plus dans la rue mais dans l'urne.

Les gouvernements ne peuvent s'en garantir qu'en cédant à propos à l'opinion publique. Quant un pouvoir tombe, c'est qu'il n'a pas su faire d'utiles et opportunes concessions.

— Consultons l'histoire :

L'humanité marche toujours en avant, et cependant, voilà qu'aujourd'hui on recommence cette vieille et dangereuse lutte, contre l'esprit de progrès et de liberté !

A quoi peut-elle aboutir ?

La victoire se rangera toujours du côté du Peuple, cela ne fait doute. Jamais la violence n'a pu arrêter l'esprit humain dans son puissant essor ; un prochain avenir nous le dira.

Qu'on y songe !

Les gouvernements seuls amènent les révolutions, parce qu'ils tendent sans cesse à absorber le plus de pouvoir possible, au détriment des libertés publiques.

Si la France a supporté patiemment bien des outrages, et dévoré sans se venger bien des affronts, c'est qu'elle était certaine d'une victoire définitive. Un peuple a ses jours de justice, comme il a ses jours de patience.

Le salut de la France est dans la République démocratique, dans le vote que le Peuple est appelé à émettre.

Nos prétendus hommes d'État tournent dans un cercle vicieux. Quoi qu'ils puissent faire, quoi qu'ils puissent dire, leurs intrigues ne prévaudront pas contre la République.

Laissons-les rêver le retour d'un passé impossible.

Laissons-les crier à l'envi l'un de l'autre, qu'il faut consolider le pouvoir et raffermir l'autorité.

La stabilité des institutions vaut certes mieux que cette triste *stabilité monarchique* dont toutes nos révolutions ont montré le néant.

Il n'y a qu'un seul souverain, et c'est le Peuple.

L'*autorité*, c'est la volonté du souverain, c'est le suffrage universel. La souveraineté populaire est un de ces droits naturels auxquels l'homme ne saurait renoncer, pas plus qu'au droit de vivre, pas plus qu'au droit de penser.

Nous marchons à la République depuis que les hommes sont constitués en société.

La République sera et il n'est au pouvoir de personne de lui faire rebrousser chemin. Elle est synonime de progrès et la France ne saurait être lasse de progrès.

La réaction de nos jours espère-t-elle réussir à étouffer le progrès et la liberté, contre lesquels tant d'oppresseurs sont venus se briser ?

Espère-t-elle réussir où ont succombé la croix et le glaive, l'inquisition et le bourreau !

Espère-t-elle être plus heureuse que la noblesse de Louis XVI, les héros de l'Empire, les gardes du corps et les jésuites de Charles X, les municipaux et les agioteurs de Louis-Philippe, les comédiens et les geôliers du dernier des Bonaparte ?

Ce que n'ont pu effectuer ni la tradition, ni la force, ni le fanatisme, ni la ruse, ni la traîtrise, l'impuissance jointe à la peur, ne parviendra certes pas à le réaliser.

Ils courent à leur perte, que leurs destinées s'accomplissent !

Mais, il est encore des âmes candides qui se laissent entraîner à la suite des Burgraves parlementaires, par de creuses déclamations et les mots sonores d'ordre et d'autorité ; nous leur dirons : *Prenez-y garde !* Le chemin glissant sur lequel vos chefs s'avancent, avec tant de précipitation, conduit tout droit à la perte de la France et de l'Humanité.

Ils ont peur, et ils veulent vous perdre avec eux.

Ne formez plus cortége autour de ces tristes ambitieux qui vous parlent de tranquillité, tout en vous excitant à supprimer toutes les précieuses conquêtes de l'esprit humain.

Abandonnez-les à l'isolement qu'ils méritent, et vous serez étonnés de leur nullité et de leur impuissance.

Sachez qu'il n'y a pas de loi contre le droit populaire.

Et toi, Peuple des villes et des campagnes comprends enfin que la *République est dans ton vote* et que *le salut est dans la* RÉPUBLIQUE.

Si toutes les idées exprimées dans cette brochure ne nous appartiennent pas, elles sont celles de maîtres à l'école desquels nous avons été et, à ce titre, nous avons jugé à propos de les réunir, de les commenter et d'y ajouter les nôtres parce que nous sommes convaincus qu'elles seules peuvent régénérer la société.

A. BRETONVILLE.

TABLE DES MATIÈRES.

La Ciotat. — Imprimerie J. Isnard.

Éclairer l'électeur sur la majesté souveraine de son vote en faveur [de la]
République démocratique et sociale, tel a été notre but.

La période électorale va s'ouvrir et il y va cette fois du salut de la Fra[nce.]

En 1848, la République donna au peuple une arme pour la défe[ndre]
et la propager, mais « un homme dont le nom restera éternellement c[loué]
« à l'infâmant pilori de l'histoire, Napoléon III, ne lui laissa pas le temp[s de]
s'en servir. » Il étrangla la République, fusilla ses représentants, braqua [ses]
canons sur tous les lieux du vote et dit à ce qui restait du peuple qu'il a[vait]
mitraillé et transporté : Vote là-dedans ! L'empire c'est la paix ! et il ob[tint]
son 'oui de la même manière que les voleurs de grand chemin obtien[nent]
la bourse des voyageurs.

Cette arme, Électeurs, vous l'aurez bientôt de nouveau entre les ma[ins,]
apprenez à la manier, car la bataille suprême est proche.

Le but à atteindre, les moyens, le prix de la victoire

L'AVENIR RADICAL

vous les dira,

et, alors, Peuple des villes, Peuple des campagnes tu n'hésiteras pas[, tu]
marcheras aux urnes avec le mot d'ordre de la Grande Cité.

A ceux qui brigueront tes suffrages ? Tu leur demanderas ce qu'ils [ont]
fait pendant la guerre étrangère, ce qu'ils ont fait pendant la gu[erre]
civile et de ton vote sortira

LA RÉPUBLIQUE.

OBSERVATIONS

D'UN MEMBRE

DE LA CHAMBRE DES DÉPUTÉS

ADRESSÉES A SES COLLÈGUES.

Paris, 16 mai 1826.

Le 27 février dernier la Chambre entendit le rapport d'une pétition qui provoquait des mesures répressives contre l'agiotage, et principalement contre les marchés à terme, opérations, disait le pétitionnaire, qui entraînent les abus les plus grands, la ruine des familles, la perte de l'honneur.

La Commission proposa de renvoyer la pétition à M. le Ministre des finances; je crus devoir demander, en outre, le renvoi à M. le Ministre de la justice, et le dépôt au bureau des renseignemens d'un document qui signalait, non-seulement un grand vice, une grande calamité, mais une infraction journalière à la législation du pays.

J'annonçai que mon intention était de faire une proposition de loi contre les associations financières, qui paraissent jouir du privilége de se mettre au-dessus des lois.

Après avoir répondu à plusieurs orateurs, M. le Ministre des finances s'exprima ainsi :

« On vient de vous entretenir du syndicat
» des receveurs généraux; on vous a dit qu'ils
» faisaient des marchés pour lesquels ils se-
» raient condamnés par les tribunaux, s'ils
» leur étaient déférés; sans doute, ils seraient
» condamnés, s'ils faisaient des affaires con-
» damnables, les receveurs généraux en se-
» raient seuls victimes, puisque c'est avec leur
» argent qu'ils font de pareilles affaires; quant
» à moi, je suis loin de le penser ainsi; sous
» ce rapport, ils n'ont point à craindre d'être
» traduits devant les tribunaux; on nous an-
» nonce une proposition, il est sage de l'at-
» tendre : j'ai la certitude que ceux qui la fe-
» ront, nous prouveront qu'ils ne connaissent

» nullement l'institution de ce syndicat, ni ses
» causes , ni les opérations qu'il fait, ni à qui
» il appartient. »

Je répondis à M. le Ministre des finances :

« C'est une raison pour que vous nous le
» fassiez connaître. »

M. le Ministre des finances jugea devoir gar-
der le silence. J'avoue que j'espérais qu'il sen-
tirait la nécessité de le rompre, et que, sans
attendre ma proposition, il s'empresserait de
faire connaître à la Chambre des Députés l'*institution de ce syndicat, ses causes, les opérations qu'il fait, et à qui il appartient.*

Je l'espérais, ou plutôt je le croyais, parce
que je crois qu'un simple avertissement devrait suffire pour rappeler le devoir et le sentiment impérieux des convenances......

A tout évènement, j'attendais l'occasion favorable de déposer ma proposition.

Mon but n'était pas de faire ce qu'on se plaît
à nommer *de l'opposition*, mais de remplir
consciencieusement le devoir d'un bon et loyal
Député.

On m'avait conseillé d'attendre le rapport de
la Commission de surveillance de la caisse d'A-
mortissement.

Le 25 avril dernier, cette Commission a fait

son rapport. Il a été suivi de la proposition de M. Casimir Périer. Je croyais, ainsi que je l'ai déjà fait connaître à la Chambre, que cette proposition ne serait point rejetée, qu'elle ne pouvait être rejetée.

La décision de la Chambre m'a prouvé que j'étais dans l'erreur. Or, comme elle me prouve aussi, qu'en déposant ma proposition (ce que je comptais faire à la suite de celle qui vient d'être repoussée; l'une et l'autre se liant et se rattachant au même intérêt); comme elle me prouve, dis-je, que je ne ferais qu'abuser, sans utilité aucune, des momens que pourrait m'accorder la Chambre, je crois devoir faire ce que la dignité et les convenances ordonnent en pareil cas : un Député ne doit jamais reculer devant la vérité; je continuerai donc à la dire avec toute l'énergie du patriotisme et de la bonne foi; mais je ne ferai aucune proposition, du moins en comité secret, tant que la majorité de la Chambre, dont je respecte d'ailleurs les décisions, paraîtra croire que toutes les propositions de l'opposition doivent être repoussées par la question préalable ou l'ordre du jour...... Cette majorité, qui veut sans doute aussi le bien du pays, doit croire que nous sommes dans l'erreur, puisqu'elle s'unit à ceux que nous combattons ; nous croyons, nous, qu'elle se trompe, et que, sans le vouloir, elle contribue à creuser le précipice dont rien, peut-être, ne pourra tirer la France chrétienne et royaliste dans quelques années. .. ..

Puisse-t-elle cette majorité qui suit d'autres voies que les nôtres, avoir raison, complètement raison ! Puisse l'évènement prouver que nous ne sommes, nous, que des visionnaires, que nos reproches sont injustes et nos craintes exagérées, et qu'enfin nous avons tort de dire, de crier : *On nous mène à l'abîme* !

Voici ce que je pense du syndicat, et ce que j'aurais cherché à démontrer en développant ma proposition :

Le syndicat est une institution illégale, surtout immorale.

Le syndicat n'a été créé que pour favoriser, alimenter l'agiotage. . . . .,

Le syndicat, en venant au secours des joueurs nécessiteux, en leur offrant des facilités qu'ils ne trouveraient pas sans lui, concourt puissamment à la ruine, au désespoir, au déshonneur même de ces hommes imprudens, passionnés, audacieux, que dévore la soif de l'or, et qui sacrifient tout à l'espérance cupide de s'enrichir, non par le travail et l'industrie, mais par quelques opérations de coulisse, souvent basées sur la déception, le mensonge, la calomnie, l'intrigue et la mauvaise foi.......

Le syndicat favorise et justifie l'usure en prêtant de fait à un taux plus élevé que l'intérêt légal.

Le syndicat se met au-dessus des lois qui interdisent le jeu, l'agiotage, les paris, les achats et ventes à termes. S'il ne fait rien de semblable, qu'on nous le prouve ; mais alors que ferait le syndicat !..... On aura beau faire et beau dire, on ne prouvera pas plus à la France la moralité du syndicat, qu'il n'a été possible de lui prouver qu'un *impôt n'était pas un impôt*, et cependant on a osé le tenter......... Non, on ne prouvera jamais à la France que l'intérêt de l'argent soit à 4 p. 100 dans nos provinces, et que l'agriculture et le commerce puissent gagner à un état de choses qui fait arriver tout l'or de nos départemens à Paris.

On ne prouvera jamais aux contribuables qu'il est dans leur intérêt que les agens comptables du royaume viennent à Paris se mettre à la tête des opérations de la Bourse ; on prou-

vera encore moins aux pères de famille l'u-
tilité d'un tel exemple pour leurs enfans.

Un receveur général doit être à son poste ;
il doit y surveiller la rentrée des deniers publics; il doit, dans l'intérêt bien calculé de l'É-
tat, ne point *froisser* et ne point souffrir que
l'on *froisse et tourmente sans but, sans motifs*
les contribuables : ce n'est pas tout que de faire
arriver de l'argent au trésor, il faut aussi faire
arriver au trône l'amour et les bénédictions
des peuples..... Or, les agens du fisc doivent,
plus que tous autres, être surveillés par leurs
chefs, car ils peuvent faire beaucoup de mal
par des rigueurs souvent inutiles..... Enfin,
un receveur général ne doit se mêler que des
opérations de banque, nécessaires pour faire
arriver les fonds de sa caisse au trésor........
S'il veut agioter, s'il veut faire à Paris des opérations de finance, qu'il choisisse, qu'il opte
entre *sa recette et le syndicat*.... Beaucoup
de gens offrant toutes les garanties indispensables consentiront modestement à n'être que
receveurs, et se résigneront à ne gagner que
80, 100 ou 150 mille livres par an en pro-
vince.

Dans mon opinion, on ne fait pas du crédit en faisant de l'immoralité, comme on ne

fait pas de la monarchie , en laissant attaquer chaque jour sa base, l'une de ses bases les plus solides , *les libertés publiques ;* on ne fait pas de la monarchie , en permettant à des écrivains gagés, d'appeler, de provoquer *la censure,* qui pourrait bien servir quelques intérêts privés, mais ne servirait ni la religion ni le trône : la religion, le trône ne peuvent que gagner à la circulation de la vérité....

J'ignore si les bravo que nous venons d'entendre (1) à la suite de quelques paroles au moins inutiles , car dire : nous ferons le devoir si les circonstances l'exigent , c'est dire ce qu'on ne devrait point avoir besoin de dire, de proclamer. J'ignore si ces bravo nous annoncent le rétablissement de cette censure odieuse à la France, et repoussée par la raison d'État et le sens commun ; mais alors j'inviterai ceux de mes honorables collègues, qui se persuadent que cette mesure peut être utile, de revoir un peu la révolution ; ils trouveront que la censure a toujours été provoquée par l'anarchie et le despotisme.... La liberté de la presse est un miroir que les tyrans et les esclaves

----

(1) Séance du 16, à la suite de la réponse de M. de Villèle à l'excellent discours de M. de Lézardière.

chercheront toujours à briser; que ceux de mes collègues (et ils sont en grand nombre) qui, depuis trente-sept ans, n'ont eu comme moi qu'une pensée dans le cœur, *le Roi légitime*; que ceux qui depuis la restauration sont revenus franchement à cette pensée; que tous ceux enfin qui veulent sincèrement la religion, Charles X et la Charte, réfléchissent à tout le mal que pourrait faire une mesure aussi anti-nationale que la censure.

Certes, je ne puis, politiquement parlant, aimer une administration qui compromet, sans le vouloir, la monarchie; mais si j'étais moins royaliste, si j'étais l'ennemi personnel des hommes qui dirigent nos affaires, je crierais aussi *bravo* pour la censure; car je sais très-bien que si elle a lieu, elle achèvera de perdre le ministère; je m'en consolerais si elle ne pouvait pas avoir d'autres suites.

Je le répète, la vérité n'est redoutable qu'au despotisme; Bonaparte eût été inconséquent, s'il eût permis la liberté de la presse; cette liberté finira toujours par renverser les usurpateurs, et par briser les faux dieux; mais la religion, la légitimité sont des vérités qui n'ont pas besoin du secours des ténèbres; elles sont à la portée de tout le monde, elles peuvent courir les rues, surtout sous les Bourbons, elles triompheront toujours de toutes les folies, de toutes les aberrations de l'esprit humain.

Qu'il y a de l'imprudence à vouloir cacher la vérité, c'est le plus sûr moyen de donner gain de cause au mensonge. Mais ce n'est point la religion, ce n'est point la légitimité que ceux qui, *dans l'ombre*, poussent à la censure, veulent servir..... Que mes honorables Collègues y prennent garde, l'esprit des ténèbres, couvert du manteau de l'hypocrisie, espère nous mener loin..... J'en dirai plus peut-être une autre fois, car cette vie est trop courte pour n'être pas consacrée tout entière à la vérité ; il faut que tous les masques tombent (1) ; il ne faut pas surtout que les Chambres, le ministère, la France entière restent sous l'influence de quelques coteries ; il faut que l'on sépare l'ivraie du bon grain, et que les vrais amis de la religion et du trône qui se trompent, ou que l'on trompe, sachent enfin où veulent les conduire des hommes qui finiraient, si la chose était possible et si on les laissait faire, par *dénaturaliser* tout ce qui est cher à la France.

---

(1) Ce n'est pas seulement en France qu'il faut les chercher. Les plus dangereux sont ailleurs.

Dans mon opinion, le système adopté, suivi par le ministère, compromet nos intérêts les plus précieux ; je le crois dans toute la sincérité de mon âme, et je suis d'autant plus effrayé de l'erreur des Ministres, que chaque jour j'entends dire aux partisans de l'administration, comme à ceux qui la combattent : *Nous allons mal, très-mal* (1). Pour moi, je le dis haut, très-haut, oui, nous allons mal, très-mal, et il serait temps de chercher, de proposer le remède à ce funeste état de choses ; il serait temps de porter toutes les vérités aux pieds du trône. Un monarque tel que Charles X ne désire que la vérité.... Le ministère nous dit, nous répète, *citez des faits;* mais que fait-on ? qu'a-t-on fait dans tout le cours de cette discussion ? Que fait la France, qui ne cesse de crier ce que le ministère s'obstine à ne pas comprendre ?.... Eh bien ! pour mon compte je lui promets plus de franchise que jamais, j'irai aussi loin que les convenances parlementaires pourront le permettre ; je la dirai tout

______

(1) J'en appelle à la conscience de tous mes Collègues; ce discours n'est-il pas tenu chaque jour par des amis du ministère ?

entière cette vérité à laquelle j'ai consacré ma vie; je la disais aux jours les plus difficiles, aujourd'hui, ce ne sera pas seulement mon dévoûment que je ferai parler, mais mon intérêt personnel; je veux vivre et mourir pour la cause à laquelle j'ai tout sacrifié. Or, quand je vois qu'on nous mène à l'abîme (je dis nous, car s'il s'ouvre j'y tomberai), je crois pouvoir, je crois devoir dire aux Ministres : *Arrêtez-vous, changez de système, cessez de vous laisser influencer par des fous; revenez aux amis sincères de la religion, du trône et des libertés nationales, et nous vous prouverons que nous ne sommes point vos ennemis; marchez dans la bonne voie, et nous marcherons avec vous.*

Voici la proposition que je comptais développer; j'y reviendrai quand je croirai qu'il y aura quelqu'espoir de succès, ou bien je l'abandonnerai quand ceux de mes collègues, qui ne voient point comme moi, auront bien voulu me convaincre de mon erreur, ou enfin quand M. le Ministre des finances aura prouvé, démontré qu'il n'y a rien de plus moral que le syndicat.... Mais pour cela il faudrait commencer par faire connaître à la Chambre des Députés *l'institution de ce syndicat, ses causes, les opérations qu'il fait, et à qui il appartient.*

Ce serait le moyen de détruire ce que j'ai avancé, ce que je répète :

Le syndicat est une institution illégale, et dans tous les cas immorale; le syndicat alimente l'agiotage, et l'agiotage est et sera de plus en plus la perte de notre crédit et de la morale publique.... Encore quelques années et, si nous continuons à marcher comme nous marchons, il n'y aura plus en France qu'une seule passion, celle de l'or; et cependant où mène l'or? au luxe, à la mollesse, à la corruption, à l'esclavage. Soyons moins riches, mais gardons nos mœurs. Il ne faut à la France pour être forte et puissante que sa religion, son Roi, son vieil honneur et du fer.

Que Dieu protége les Bourbons et le noble royaume des lis, et qu'il éclaire ceux qui sans le vouloir nous mènent à l'abîme !!

PROPOSITION (1).

Sa Majesté sera suppliée de faire proposer aux Chambres une loi portant :

---

(1) J'espère que je pourrai la produire à la session prochaine. — L'opinion publique, d'ici là, dira bien des choses aux hommes de bonne foi. — Nous nous entendrons mieux après avoir revu nos départemens.

« Que tout agent comptable du trésor ne
» pourra faire partie d'une association ayant
» pour objet de jouer par achats, ventes et re-
» ports, de prêter, de faire des marchés à terme
» sur les fonds publics, de participer directe-
» ment, même indirectement, à des emprunts
» faits pour le compte de l'étranger. »

Notá. Je viens d'écrire à la hâte ces observations, je
les livre avec confiance à mes honorables collègues ;
tous n'ont sans doute que de bonnes intentions, les
miennes sont également pures. Ah ! puissions-nous nous
rapprocher, nous entendre... Nous allons à la déban-
dade, et tirant pour ainsi dire les uns sur les autres, et
cependant nous voulons le bien, nous cherchons le bien...
Est-il si difficile à trouver sous un prince tel que
Charles X !

G. HYDE DE NEUVILLE,
DÉPUTÉ DE LA NIÈVRE.

De l'Imprimerie de A. HENRY, rue Gît-le-Cœur, n° 8.